福建省中职学考核心课程系列教材

经济与管理基础 学习指导

主　编：罗德兴　郑卉馨
副主编：吕占维　陈金炜　陈宗英

扫码获取数字资源

图书在版编目（CIP）数据

经济与管理基础学习指导 / 罗德兴，郑卉馨主编.
厦门：厦门大学出版社，2025.5. -- （福建省中职学考核心课程系列教材）. -- ISBN 978-7-5615-9756-9
Ⅰ．F2
中国国家版本馆 CIP 数据核字第 20259G70X2 号

策划编辑	姚五民
责任编辑	姚五民
美术编辑	李夏凌
技术编辑	许克华

出版发行　**厦门大学出版社**
社　　址　厦门市软件园二期望海路 39 号
邮政编码　361008
总　　机　0592-2181111　0592-2181406（传真）
营销中心　0592-2184458　0592-2181365
网　　址　http://www.xmupress.com
邮　　箱　xmup@xmupress.com
印　　刷　厦门集大印刷有限公司

开本　787 mm×1 092 mm　1/16
印张　13
字数　308 千字
版次　2025 年 5 月第 1 版
印次　2025 年 5 月第 1 次印刷
定价　44.00 元

本书如有印装质量问题请直接寄承印厂调换

厦门大学出版社
微信二维码

厦门大学出版社
微博二维码

出版说明

教育是强国建设和民族复兴的根本,承担着国家未来发展的重要使命。基于此,自党的十八大以来,构建职普融通、产教融合的职业教育体系,已成为全面落实党的教育方针的关键举措。这一战略目标的实现,要求加快塑造素质优良、总量充裕、结构优化、分布合理的现代化人力资源,以解决人力资源供需不匹配这一结构性就业矛盾。与此同时,面对新一轮科技革命和产业变革的浪潮,必须科学研判人力资源发展趋势,统筹抓好教育、培训和就业,动态调整高等教育专业和资源结构布局,进一步推动职业教育发展,并健全终身职业技能培训制度。

根据中共中央办公厅、国务院办公厅《关于深化现代职业教育体系建设改革的意见》和福建省政府《关于印发福建省深化高等学校考试招生综合改革实施方案的通知》要求,福建省高职院校分类考试招生采取"文化素质+职业技能"的评价方式,即以中等职业学校学业水平考试(以下简称"中职学考")成绩和职业技能赋分的成绩作为学生毕业和升学的主要依据。

为进一步完善考试评价办法,提高人才选拔质量,完善职教高考制度,健全"文化素质+职业技能"考试招生办法,向各类学生接受高等职业教育提供多样化入学方式,福建省教育考试院对高职院校分类考试招生(面向中职学校毕业生)实施办法作出调整:招考类别由原来的30类调整为12类;中职学考由全省统一组织考试,采取书面闭卷笔试方式,取消合格性和等级性考试;引进职业技能赋分方式,取消全省统一的职业技能测试。

福建省中职学考是根据国家中等职业教育教学标准,由省级教育行政部门组织实施的考试。考试成绩是中职学生毕业和升学的重要依据。根据福建省教育考试院发布的最新的中职学考考试说明,结合福建省中职学校教学现状,厦门大学出版社精心策划了"福建省中职学考核心课程系列教材"。该系列教材旨在帮助学生提升对基础知识的理解,提升运用知识分析问题、解决问题的能力,并在学习中提高自身的职业素养。

本系列教材由中等职业学校一线教师根据最新的《福建省中等职业学校学业水平考试说明》编写。内容设置紧扣考纲要求,贴近教学实际,符合考试复习规律。理论部分针对各知识点进行梳理和细化,使各知识点表述更加简洁、精练;模拟试卷严格按照考纲规定的内容比例、难易程度、分值比例编写,帮助考生更有针对性地备考。本系列教材适合作为中职、技工学校学生的中职学考复习指导用书。

目　　录

第一部分　经济学基础

第一章　需求、供给和均衡价格 ……………………………………………… 1
　　第一节　需求 ………………………………………………………………… 1
　　第二节　供给 ………………………………………………………………… 3
　　第三节　市场均衡 …………………………………………………………… 5
　　第四节　弹性 ………………………………………………………………… 7
第二章　消费者选择 ……………………………………………………………… 9
　　第一节　效用理论概述 ……………………………………………………… 9
　　第二节　无差异曲线 ………………………………………………………… 10
　　第三节　预算约束线 ………………………………………………………… 12
第三章　企业的生产和成本 ……………………………………………………… 15
　　第一节　企业 ………………………………………………………………… 15
　　第二节　生产函数 …………………………………………………………… 15
　　第三节　短期生产函数 ……………………………………………………… 16
　　第四节　短期成本函数 ……………………………………………………… 19
第四章　市场结构 ………………………………………………………………… 21
　　第一节　市场结构 …………………………………………………………… 21
　　第二节　完全竞争市场 ……………………………………………………… 23
　　第三节　垄断市场 …………………………………………………………… 24
　　第四节　垄断竞争 …………………………………………………………… 26
　　第五节　寡头 ………………………………………………………………… 28

第二部分　管理学基础

第五章　管理与管理理论 …………………………………………………………… 31
- 第一节　管理的内涵 ……………………………………………………………… 31
- 第二节　管理的本质 ……………………………………………………………… 33
- 第三节　管理的基本原理 ………………………………………………………… 36
- 第四节　古典管理理论 …………………………………………………………… 39

第六章　决策 ………………………………………………………………………… 46
- 第一节　决策概述 ………………………………………………………………… 46
- 第二节　组织环境 ………………………………………………………………… 49
- 第三节　计划 ……………………………………………………………………… 52
- 第四节　目标管理 ………………………………………………………………… 56

第七章　组织 ………………………………………………………………………… 59
- 第一节　组织设计 ………………………………………………………………… 59
- 第二节　组织结构 ………………………………………………………………… 62
- 第三节　非正式组织 ……………………………………………………………… 65
- 第四节　层级整合 ………………………………………………………………… 68
- 第五节　组织文化 ………………………………………………………………… 71

第八章　领导 ………………………………………………………………………… 74
- 第一节　领导与领导理论 ………………………………………………………… 74
- 第二节　激励与激励理论 ………………………………………………………… 78
- 第三节　沟通与沟通障碍 ………………………………………………………… 82

第九章　控制 ………………………………………………………………………… 86
- 第一节　控制的内涵与原则 ……………………………………………………… 86
- 第二节　控制的主要类型 ………………………………………………………… 88
- 第三节　控制的过程 ……………………………………………………………… 90

第十章　创新 ………………………………………………………………………… 93
- 第一节　管理创新的内涵 ………………………………………………………… 93
- 第二节　管理工作的维持与创新 ………………………………………………… 95
- 第三节　管理创新的主要类型 …………………………………………………… 97

附录　参考答案与解析 …………………………………………………………… 100

第一部分 经济学基础

第一章 需求、供给和均衡价格

第一节 需 求

一、名词解释

1. 需求
2. 需求量
3. 需求曲线
4. 需求规律

二、判断题

1. 对所有商品来说,价格上升,消费者的购买数量都会下降。（　　）
   A. 正确　　　　　　　　　　　　B. 错误
2. 需求曲线向右移动说明消费者愿意在更高的价格购买更多的商品。（　　）
   A. 正确　　　　　　　　　　　　B. 错误
3. 乒乓球的价格上涨,在其他条件不变的情况下,对乒乓球的需求量会下降。（　　）
   A. 正确　　　　　　　　　　　　B. 错误
4. 如果预期自行车的价格会上涨,则对它的需求量会下跌。（　　）
   A. 正确　　　　　　　　　　　　B. 错误
5. 消费者 A 需要也愿意购买一台电脑,就构成对电脑的需求。（　　）
   A. 正确　　　　　　　　　　　　B. 错误
6. 一切商品和服务的需求曲线都是一条向右下方倾斜的斜率为负值的曲线。（　　）
   A. 正确　　　　　　　　　　　　B. 错误
7. 需求曲线向左平行移动,表示需求减少。（　　）
   A. 正确　　　　　　　　　　　　B. 错误
8. 某种产品的价格一定低于其均衡价格。（　　）
   A. 正确　　　　　　　　　　　　B. 错误

三、单项选择题

1. 需求是指消费者(　　)。
   A. 在每一价格水平上愿意而且能够购买的某种商品量
   B. 在市场上能够购买的商品量
   C. 实现最大限度满足所需要购买的商品量

D. 在一定价格水平上愿意出售的商品量
2. 需求曲线是用（　　）来表述需求这个概念。
   A. 数字格式　　　　　B. 图形　　　　　C. 模型　　　　　D. 叙述
3. 需求曲线是表示（　　）。
   A. 需求量与供给之间关系的曲线　　　B. 需求量与货币之间关系的曲线
   C. 需求量与价格之间关系的曲线　　　D. 需求量与收入之间关系的曲线
4. 需求曲线向右下方倾斜,表示当一种商品（　　）。
   A. 价格上升时,需求量增加　　　　　B. 价格下降时,需求量减少
   C. 价格上升时,需求量不变　　　　　D. 价格上升时,需求量减少
5. 根据需求定理,需求曲线是一条（　　）。
   A. 与横轴垂直的线　　　　　　　　B. 与横轴平行的线
   C. 向右上方倾斜的线　　　　　　　D. 向右下方倾斜的线
6. 在某一时期内,彩电的需求曲线向左平移的原因是（　　）。
   A. 彩电的价格上升　　　　　　　　B. 消费者对彩电的预期价格下降
   C. 消费者的收入水平提高　　　　　D. 黑白电视机的价格上升
7. 下列组合中,一种商品需求量与另一种商品价格呈反方向变动的是（　　）。
   A. 香蕉和苹果　　　　　　　　　　B. 照相机和胶卷
   C. 汽车和收音机　　　　　　　　　D. 面包和方便面
8. 消费者预期某物品将来价格要上升,则对该物品的当期需求会（　　）。
   A. 减少　　　　　　B. 不变　　　　　C. 增加　　　　　D. 不确定
9. 保持所有其他因素不变,某种商品的价格下降,将导致（　　）。
   A. 需求增加　　　　B. 需求减少　　　C. 需求量增加　　　D. 需求量减少
10. 下列因素不会使需求曲线移动的是（　　）。
    A. 购买者(消费者)收入变化　　　　B. 商品价格下降
    C. 其他相关商品价格下降　　　　　D. 消费者偏好变化
11. 如果商品 A 和商品 B 是替代的,则 A 的价格下降将造成（　　）。
    A. A 的需求曲线向右移动　　　　　B. A 的需求曲线向左移动
    C. B 的需求曲线向右移动　　　　　D. B 的需求曲线向左移动
12. 当出租车租金上涨后,对公共汽车服务的（　　）。
    A. 需求增加　　　　B. 需求量增加　　C. 需求减少　　　　D. 需求量减少
13. 张某对面包的需求可以表示为（　　）。
    A. 张某买了 5 个面包
    B. 张某没有买面包,买了饼干
    C. 张某准备买 5 个面包,但钱没带够
    D. 面包价格为 1 元时,张某准备买 4 个；而价格为 2 元时,准备买 1 个
14. 一般来说,商品的价格与需求量（　　）。
    A. 同向变动　　　　B. 反向变动　　　C. 没有关系　　　　D. 不确定

15. 在特定时期内,猪肉需求曲线左移的原因可能是(　　)。
　　A. 猪肉价格上涨　　　　　　　　B. 猪肉预期价格上涨
　　C. 鸡蛋价格上涨　　　　　　　　D. 鸡蛋预期价格上涨

四、简答题

1. 需求规律的含义是什么?

2. 请简述影响需求量的因素。

第二节　供　给

一、名词解释

1. 供给
2. 供给表
3. 供给曲线
4. 供给规律
5. 供给函数

二、判断题

1. 一般而言,在其他条件不变的情况下,某种商品的价格越高,生产者对该商品的供给量就越小。(　　)
　　A. 正确　　　　　　　　　　　　B. 错误

2. 无论商品的价格有多高,生产者提供既定数量的商品,此时供给曲线是一条水平线。(　　)
　　A. 正确　　　　　　　　　　　　B. 错误

3. 一般情况下,供给曲线向右上方倾斜。(　　)
　　A. 正确　　　　　　　　　　　　B. 错误

4. 供给意愿和供给能力是构成供给的两个条件,两者缺一不可。(　　)
　　A. 正确　　　　　　　　　　　　B. 错误

5. 钢铁的价格上升将使汽车的供给曲线向右移动。　　　　　　　　　　　　（　　）
　　A. 正确　　　　　　　　　　　　　　B. 错误
6. 在正常情况下,供给曲线是向右上方倾斜的,斜率为正值。　　　　　　（　　）
　　A. 正确　　　　　　　　　　　　　　B. 错误
7. 供给曲线向右平行移动表示供给减少。　　　　　　　　　　　　　　　（　　）
　　A. 正确　　　　　　　　　　　　　　B. 错误
8. 消费者的收入和偏好是影响供应的主要因素。　　　　　　　　　　　　（　　）
　　A. 正确　　　　　　　　　　　　　　B. 错误
9. 垂直的供应曲线说明消费者对该商品的需求数量为零。　　　　　　　　（　　）
　　A. 正确　　　　　　　　　　　　　　B. 错误
10. 替代品的价格上升会导致供应减少。　　　　　　　　　　　　　　　（　　）
　　A. 正确　　　　　　　　　　　　　　B. 错误
11. 价格对供给和需求的影响效果是相同的。　　　　　　　　　　　　　（　　）
　　A. 正确　　　　　　　　　　　　　　B. 错误

三、单项选择题

1. 供给是指（　　）。
　　A. 消费者愿意购买的商品数量　　　　B. 消费者愿意支付的价格
　　C. 生产者愿意生产并能够提供的商品数量　　D. 市场上商品的总数量
2. 以下不是影响供给因素的是（　　）。
　　A. 生产成本　　　　　　　　　　　　B. 消费者偏好
　　C. 技术进步　　　　　　　　　　　　D. 政府政策
3. 供给曲线向右移动表示（　　）。
　　A. 供给减少　　　B. 供给增加　　　C. 需求减少　　　D. 需求增加
4. 如果某种商品的供给曲线斜率为正,当商品价格上升时,会导致（　　）。
　　A. 供给量减少　　　　　　　　　　　B. 供给量增加
　　C. 需求量减少　　　　　　　　　　　D. 需求量增加
5. 当生产某种商品所需原材料的价格上升时,该商品的（　　）。
　　A. 需求曲线向左移动　　　　　　　　B. 供给曲线向左移动
　　C. 需求曲线向右移动　　　　　　　　D. 供给曲线向右移动
6. 一个商品价格下降对其互补品最直接的影响是（　　）。
　　A. 互补品的需求曲线向右移动　　　　B. 互补品的需求曲线向左移动
　　C. 互补品的供给曲线向右移动　　　　D. 互补品的价格上升
7. 建筑工人工资提高将使（　　）。
　　A. 新房子供给曲线左移并使房子价格上升
　　B. 新房子供给曲线右移并使房子价格下降
　　C. 新房子需求曲线左移并使房子价格下降
　　D. 新房子需求曲线右移并使房子价格上升

8. 在同一条曲线上，价格与需求量的组合从 A 点移动到 B 点是（　　）。
   A. 需求的变动　　　B. 收入的变动　　　C. 需求量的变动　　　D. 供给的变动
9. 如果某种商品的供给曲线斜率为正，在保持其他因素不变的情况下，该商品的生产技术水平有所提高，必将导致（　　）。
   A. 供给量增加　　　B. 供给量减少　　　C. 供给增加　　　D. 供给减少

四、简答题

1. 请简述什么是供给曲线，并说明其斜率的含义。

2. 描述供给规律，并举例说明。

3. 请简述影响供给量的因素。

第三节　市场均衡

一、名词解释

1. 均衡
2. 市场均衡价格
3. 市场均衡数量

二、判断题

1. 需求就是家庭在某一特定时期内，在每一价格水平时愿意购买的商品量。（　　）
   A. 正确　　　　　　　　　　　　　　　　B. 错误
2. 需求是购买欲望与购买能力的统一，供给是供给欲望与供给能力的统一。（　　）
   A. 正确　　　　　　　　　　　　　　　　B. 错误
3. 对学习外语的重视使更多消费者购买随身听和复读机。这被称为需求增加。（　　）
   A. 正确　　　　　　　　　　　　　　　　B. 错误
4. 一场台风摧毁了某地区的荔枝树，导致市场上的荔枝少了。这被称为供给量减少。（　　）
   A. 正确　　　　　　　　　　　　　　　　B. 错误

5. 苹果价格下降导致人们购买的橘子减少,在图上表现为对橘子的需求曲线向左移动。（ ）

　　A. 正确　　　　　　　　　　　　　　B. 错误

6. 并不是所有商品的供给量都随价格的上升而增加。（ ）

　　A. 正确　　　　　　　　　　　　　　B. 错误

7. 假定其他条件不变,某种商品价格的变化将导致它的供给量变化,但不会引起供给的变化。（ ）

　　A. 正确　　　　　　　　　　　　　　B. 错误

8. 生产技术提高所引起的某种商品产量的增加称为供给量的增加。（ ）

　　A. 正确　　　　　　　　　　　　　　B. 错误

三、单项选择题

1. 以下不是影响均衡价格因素的是（　　）。

　　A. 个人收入　　　　　　　　　　　　B. 商品价格
　　C. 广告投入　　　　　　　　　　　　D. 消费者对商品的价格预期

2. 当商品 A 的价格下降时,其互补品的需求曲线的变动会（　　）。

　　A. 向左移动　　　B. 向右移动　　　C. 保持不变　　　D. 无法确定

3. 在经济学中,均衡指的是（　　）。

　　A. 价格固定不变　　　　　　　　　　B. 供给和需求相等
　　C. 市场完全饱和　　　　　　　　　　D. 消费者和生产者都满意

4. 以下不是市场均衡特点的是（　　）。

　　A. 价格稳定　　　　　　　　　　　　B. 交易量稳定
　　C. 供给量和需求量相等　　　　　　　D. 价格持续变动

5. 如果市场上某种商品的供给量大于需求量,那么（　　）。

　　A. 价格将上升　　B. 价格将下降　　C. 交易量将增加　　D. 交易量将减少

6. 如果市场供给增加,需求保持不变,那么均衡价格将（　　）。

　　A. 上升　　　　　B. 下降　　　　　C. 不变　　　　　D. 无法确定

四、简答题

1. 简述市场均衡价格形成的过程。

2. 什么是市场均衡?

3. 市场均衡时的价格和数量的决定因素是什么？

4. 需求变动对市场均衡有何影响？

5. 供给变动对市场均衡有何影响？

第四节　弹　性

一、名词解释
1. 弹性
2. 需求价格弹性
3. 需求弹性

二、判断题
1. 如果某商品的需求价格弹性系数为1.4，那么当该商品的价格上升后，其需求量会下降，但消费支出会增加。　　　　　　　　　　　　　　　　　　　　　　　　（　　）
　　A. 正确　　　　　　　　　　　　　B. 错误
2. 当需求缺乏价格弹性时，消费总支出与价格变动方向一致，而需求数量与价格变动方向相反。　　　　　　　　　　　　　　　　　　　　　　　　　　　　　　（　　）
　　A. 正确　　　　　　　　　　　　　B. 错误
3. 如果需求价格弹性系数大于1，价格下降会使销售收入增加。　　　　　　（　　）
　　A. 正确　　　　　　　　　　　　　B. 错误
4. 如果需求价格弹性系数小于1，价格下降会使销售收入增加。　　　　　　（　　）
　　A. 正确　　　　　　　　　　　　　B. 错误
5. 企业实行薄利多销的理论基础是需求价格弹性系数大于1。　　　　　　　（　　）
　　A. 正确　　　　　　　　　　　　　B. 错误
6. 当需求缺乏价格弹性时，消费总支出与价格变动方向一致。　　　　　　　（　　）
　　A. 正确　　　　　　　　　　　　　B. 错误

7. 需求价格弹性系数等于1时,称为需求单位弹性。　　　　　　　　　　　　　(　　)
   A. 正确　　　　　　　　　　　　　　B. 错误

三、单项选择题

1. 已知某种商品的需求是富有弹性的,在其他条件不变的情况下,卖者要想获得更多的收益,应该(　　)。
   A. 适当降低价格　　B. 适当提高价格　　C. 保持价格不变　　D. 加大销售量
2. 下列商品中需求价格弹性最小的是(　　)。
   A. 小汽车　　　　　B. 服装　　　　　　C. 食盐　　　　　　D. 化妆品
3. 一种商品价格下降对其替代品最直接的影响是(　　)。
   A. 替代品的价格下降　　　　　　　　B. 替代品的供给曲线向右移
   C. 替代品的需求曲线向左移动　　　　D. 替代品的需求曲线向右移动
4. 需求价格弹性系数的公式是(　　)。
   A. 需求价格弹性系数＝需求量/价格
   B. 需求价格弹性系数＝需求量的变动/价格的变动
   C. 需求价格弹性系数＝需求量的相对变动/价格
   D. 需求价格弹性系数＝需求量的相对变动/价格的相对变动
5. 如果某种商品的价格下降2%,其需求量增加了6%,那么这种商品的需求价格弹性属于(　　)。
   A. 单位弹性　　　　B. 富有弹性　　　　C. 缺乏弹性　　　　D. 弹性一般
6. 需求价格弹性是指(　　)。
   A. 需求对价格变化的敏感度　　　　　B. 需求对收入变化的敏感度
   C. 供给对价格变化的敏感度　　　　　D. 供给对收入变化的敏感度
7. 供给弹性是指(　　)。
   A. 供给量　　　　　　　　　　　　　B. 价格
   C. 供给量对价格变化的敏感程度　　　D. 需求量对价格变化的敏感程度

四、简答题

1. 简述需求价格弹性,并举例说明其应用。

2. 分析铁路运输需求价格弹性对运输收入的影响,并提出相应的政策建议。

第二章 消费者选择

第一节 效用理论概述

一、名词解释
1. 效用
2. 欲望
3. 基数效用论
4. 序数效用论
5. 边际效用
6. 总效用

二、判断题
1. 效用是人们消费商品所获得的满足程度,是主观的,没有客观标准。（ ）
   A. 正确　　　　　　　　　　　　B. 错误
2. 总效用是消费者在一定时期内,从商品的消费中得到的满足程度的总和。总效用是递减的。（ ）
   A. 正确　　　　　　　　　　　　B. 错误
3. 边际效用递减规律意味着随着某种商品消费数量的不断增加,消费者从中得到的总效用会减少。（ ）
   A. 正确　　　　　　　　　　　　B. 错误
4. 边际效用指消费者在一定时间内增加单位商品所引起的总效用的增加量。（ ）
   A. 正确　　　　　　　　　　　　B. 错误

三、单项选择题
1. 在消费者行为分析中,基数效用论和序数效用论的主要差异在于(　　)。
   A. 边际效用是否递减　　　　　　B. 效用是否平均
   C. 消费者的目标是否相同　　　　D. 消费者是否知道效用的绝对值
2. 效用可以区分为总效用和(　　)。
   A. 平均效用　　　　　　　　　　B. 边际效用
   C. 递增效用　　　　　　　　　　D. 递减效用
3. 总效用是指(　　)。
   A. 某种商品对人们的用处　　　　B. 人们消费商品的总成本
   C. 人们对电子服务的消费　　　　D. 人们从消费一种商品中得到的效用总和

4. 边际效用是指( )。
   A. 消费者在一定时期内,从商品或服务的消费中得到的满足程度的总和
   B. 消费者增加一个单位的商品消费时所带来的满足程度的增加或者效用的增量
   C. 消费者消费商品的总成本
   D. 人们对电子服务的消费
5. 在一定时间内,随着消费某种商品数量的不断增加,消费者从中得到的总效用变化为( )。
   A. 不断增加,且以递增速度增加   B. 不断增加,但以递减速度增加
   C. 保持不变   D. 先增后减
6. 以下关于效用的描述,正确的是( )。
   A. 效用是指商品的功能
   B. 效用是消费者从消费某种物品或服务中所获得的满足程度
   C. 效用是可以客观度量的
   D. 效用与消费者的收入无关
7. 当消费者从物品消费中所获得的总效用不断增加时,边际效用是( )。
   A. 负的   B. 零
   C. 正的   D. 无法确定

四、简答题

1. 简述效用理论的核心概念。

2. 解释边际效用递减规律。

第二节　无差异曲线

一、名词解释

1. 无差异曲线
2. 边际替代率
3. 偏好

二、判断题

1. 在同一条无差异曲线上,不同的消费者得到的总效用是无差别的。（　　）
    A. 正确　　　　　　　　　　　　　　B. 错误
2. 两条无差异曲线的交点所表示的商品组合,对同一消费者具有不同的效用。（　　）
    A. 正确　　　　　　　　　　　　　　B. 错误
3. 无差异曲线的位置和形状取决于消费者的偏好。（　　）
    A. 正确　　　　　　　　　　　　　　B. 错误
4. 无差异曲线表示的是两种商品的不同数量组合,带给消费者的满足程度是完全相同的。
    （　　）
    A. 正确　　　　　　　　　　　　　　B. 错误
5. 边际替代率不存在递减规律。（　　）
    A. 正确　　　　　　　　　　　　　　B. 错误

三、单项选择题

1. 在消费者行为理论中,能够描述消费者偏好的曲线是(　　)。
    A. 无差异曲线　　B. 需求曲线　　C. 预算约束线　　D. 消费者均衡曲线
2. 无差异曲线的特征包含(　　)。
    A. 任意两条无差异曲线可以相交
    B. 无差异曲线是凹向原点的
    C. 离原点越远的无差异曲线,消费者的偏好程度越高
    D. 无差异曲线的斜率一般为正值
3. 下列关于无差异曲线的说法,错误的是(　　)。
    A. 无差异曲线是序数效用论的一种分析方法
    B. 无差异曲线上的每一点代表的商品组合给消费者带来的效用是不同的
    C. 无差异曲线一般向右下方倾斜
    D. 无差异曲线的斜率为负值
4. 下列关于无差异曲线的性质的描述,错误的是(　　)。
    A. 无差异曲线离原点越远,代表的商品数量越多
    B. 任意两条无差异曲线可以相交
    C. 无差异曲线从左上向右下倾斜,凸向原点
    D. 在同一个平面直角坐标系中,可以绘制出无数条无差异曲线
5. 任意两条无差异曲线不能相交,这是依据(　　)。
    A. 偏好的可传递性　　　　　　　　B. 商品边际替代率递减规律
    C. 偏好的完备性　　　　　　　　　D. 预算约束线
6. 无差异曲线从左向右倾斜、凸向原点是为维持同等的满足程度或效用水平,要增加商品 A 的数量就必须减少商品 B 的数量,因此无差异曲线从左向右下倾斜,斜率为负。这是由(　　)决定的。
    A. 消费者偏好　　　　　　　　　　B. 边际替代率递减

C. 消费者收入 　　　　　　　　　　　　D. 风险厌恶程度

7. 在序数效用理论中,用来描述消费者偏好的曲线是(　　)。
   A. 预算约束线　　B. 平均成本线　　C. 无差异曲线　　D. 等产量线
8. 以下描述符合边际替代率递减规律的是(　　)。
   A. 随着一种商品消费数量的增加,消费者对另一种商品的需求也增加
   B. 随着一种商品消费数量的增加,消费者增加一单位该商品而愿意放弃的另一种商品的消费数量是逐渐减少的
   C. 消费者对两种商品的需求始终保持不变
   D. 随着一种商品价格的降低,消费者对另一种商品的需求增加

四、简答题
1. 什么是无差异曲线？无差异曲线具有哪些特征？

2. 请简述边际替代率递减规律。

3. 请简述消费者偏好的四个假设。

第三节　预算约束线

一、名词解释

预算约束线

二、判断题
1. 预算约束线表示在既定价格下,消费者用全部收入能购买到的商品组合。　　　　(　　)
   A. 正确　　　　　　　　　　　　B. 错误

2. 预算约束线的斜率等于两种商品价格的比率。（   ）
   A. 正确   B. 错误
3. 在商品价格不变的情况下，消费者收入的增加会使预算约束线向右移动。（   ）
   A. 正确   B. 错误
4. 在收入不变的情况下，一种商品价格的上升会使预算约束线向内旋转。（   ）
   A. 正确   B. 错误
5. 预算约束线外的点表示的是消费者可以购买到的商品组合。（   ）
   A. 正确   B. 错误
6. 若商品价格与消费者收入按同一比例变动，预算约束线会发生平移。（   ）
   A. 正确   B. 错误
7. 预算约束线反映了消费者的收入约束。（   ）
   A. 正确   B. 错误
8. 消费者的预算约束线是一条向右上方倾斜的直线。（   ）
   A. 正确   B. 错误
9. 在价格不变的情况下，消费者收入的减少会使预算约束线向左平移。（   ）
   A. 正确   B. 错误
10. 预算约束线限定了消费者能够选择的商品数量范围。（   ）
    A. 正确   B. 错误

三、单项选择题

1. 预算约束线反映了（   ）。
   A. 消费者在不同商品间的偏好   B. 消费者的收入水平和商品价格
   C. 消费者的最优购买组合   D. 消费者的边际效用
2. 在商品价格不变的情况下，消费者收入增加会使预算约束线（   ）。
   A. 向左移动   B. 向右移动
   C. 保持不变   D. 斜率增加
3. 当商品 X 的价格下降而其他商品价格不变时，预算约束线将（   ）。
   A. 向内旋转   B. 向外旋转
   C. 平行移动   D. 垂直移动
4. 预算约束线的斜率取决于（   ）。
   A. 消费者的偏好   B. 消费者的收入
   C. 两种商品的价格之比   D. 商品的边际效用
5. 在价格不变的情况下，消费者收入减少会使预算约束线（   ）。
   A. 变得陡峭   B. 变得平缓
   C. 向左移动   D. 向右移动
6. 如果商品 X 和 Y 的价格都按相同比例上升，预算约束线（   ）。
   A. 向左移动   B. 向右移动
   C. 保持不变   D. 斜率不变，位置改变

7. 当商品 X 的价格上升而其他商品价格不变时，预算约束线将（　　）。
   A. 向内旋转　　　　　　　　　　B. 向外旋转
   C. 平行移动　　　　　　　　　　D. 垂直移动

8. 如果商品 X 的价格下降，而商品 Y 的价格上升，预算约束线将（　　）。
   A. 向内旋转　　　　　　　　　　B. 向外旋转
   C. 平行移动　　　　　　　　　　D. 无法确定

9. 在商品价格不变的情况下，消费者收入增加一倍会使预算约束线如何变化？（　　）。
   A. 平行移动　　　　　　　　　　B. 斜率不变，位置改变
   C. 长度增加一倍　　　　　　　　D. 长度增加两倍

10. 在商品价格不变的情况下，消费者收入减少一半会使预算约束线如何变化？（　　）。
    A. 平行移动
    B. 斜率不变，位置改变
    C. 长度减少一半
    D. 长度减少到原来的四分之一

11. 商品 X 的价格不变，商品 Y 的价格发生变化，当消费者收入增加时，预算约束线将（　　）。
    A. 向左旋转　　　　　　　　　　B. 向右旋转
    C. 无法确定旋转方向　　　　　　D. 斜率改变且向右移动

四、简答题

1. 预算约束线的斜率代表什么？

2. 影响预算约束线变动的因素有哪些？

第三章 企业的生产和成本

第一节 企 业

一、名词解释
1. 企业
2. 个人独资企业
3. 合伙制企业
4. 公司

二、简答题
企业的基本组织形式有哪些?

第二节 生产函数

一、名词解释
1. 企业利润
2. 生产
3. 生产要素
4. 劳动
5. 资本
6. 企业家才能
7. 生产函数

二、判断题
1. 生产函数表示在一定时期内,在技术水平不变的情况下,生产中所使用的各种生产要素的数量与所能生产的最大产量之间的关系。( )

    A. 正确   B. 错误

2. 生产函数中的生产要素仅包括劳动和资本。　　　　　　　　　　　　　　（　　）
   A. 正确　　　　　　　　　　　　　　B. 错误

三、单项选择题

1. 生产函数表示的是(　　)。
   A. 生产要素和生产量之间的关系
   B. 生产要素和成本之间的关系
   C. 生产量和成本之间的关系
   D. 生产要素和价格之间的关系

2. 如果生产函数是 $Q=f(K,L)$，其中 K 代表资本，L 代表劳动，那么生产函数的性质不包括(　　)。
   A. 连续性　　　　　　　　　　　　　B. 可加性
   C. 齐次性　　　　　　　　　　　　　D. 边际报酬递减

3. 生产函数 $Q=f(L,K)$，表示(　　)。
   A. 在一定时期内，一定技术条件下，生产中所使用的各种生产要素的数量与其所能生产的最大产量之间的关系
   B. 在一定时期内，一定技术条件下，生产中所使用的各种生产要素的价格与其所能生产的最大产量之间的关系
   C. 在一定时期内，一定价格条件下，生产中所使用的各种生产要素的数量与其所能生产的最大产量之间的关系
   D. 在一定时期内，一定价格条件下，生产中所使用的各种生产要素的价格与其所能生产的最大产量之间的关系

四、简答题

什么是生产函数？

第三节　短期生产函数

一、名词解释

1. 总产量
2. 平均产量
3. 边际产量
4. 边际报酬递减规律

二、判断题

1. 短期生产函数中,随着可变要素投入的增加,总产量会一直增加。 （   ）
   A. 正确　　　　　　　　　　　　B. 错误
2. 在短期生产函数中,边际产量达到最大值时,平均产量也达到最大值。 （   ）
   A. 正确　　　　　　　　　　　　B. 错误
3. 短期生产函数中,当边际产量为负时,总产量仍在增加。 （   ）
   A. 正确　　　　　　　　　　　　B. 错误
4. 在短期生产函数中,平均产量达到最大值时,边际产量为零。 （   ）
   A. 正确　　　　　　　　　　　　B. 错误
5. 短期生产函数中,边际报酬递减规律是指随着可变要素投入的增加,边际产量一直递减。
   （   ）
   A. 正确　　　　　　　　　　　　B. 错误
6. 短期生产函数中,当总产量达到最大值时,边际产量为负。 （   ）
   A. 正确　　　　　　　　　　　　B. 错误
7. 在短期生产函数中,平均产量和边际产量都会经历先增后减的过程。 （   ）
   A. 正确　　　　　　　　　　　　B. 错误
8. 短期生产函数中,当平均产量开始递减时,总产量也开始递减。 （   ）
   A. 正确　　　　　　　　　　　　B. 错误
9. 短期生产函数中,当边际产量为零时,总产量达到最大值。 （   ）
   A. 正确　　　　　　　　　　　　B. 错误
10. 在生产函数中,如果所有生产要素的投入量都按相同比例增加,那么总产量也会按相同比例增加。
    （   ）
    A. 正确　　　　　　　　　　　　B. 错误
11. 生产函数中的边际产量是指增加一个单位的生产要素投入所带来的总产量的增加量。
    （   ）
    A. 正确　　　　　　　　　　　　B. 错误
12. 在生产函数中,平均产量总是大于或等于边际产量。 （   ）
    A. 正确　　　　　　　　　　　　B. 错误
13. 当边际产量为零时,总产量达到最大值。 （   ）
    A. 正确　　　　　　　　　　　　B. 错误

三、单项选择题

1. 在生产函数中,如果增加一个单位某种生产要素而保持其他生产要素不变,所引起的产量变动量,称为该生产要素的（   ）。
   A. 平均产量　　　B. 边际产量　　　C. 总产量　　　D. 固定产量
2. 短期生产函数表示的是（   ）。
   A. 总产量平均产量和边际产量之间的关系
   B. 各种生产要素的数量与总产量之间的关系

C. 在可变要素投入量增加时总产量如何变动

D. 在技术水平不变的条件下,全部生产要素投入量与产量之间的关系

3. 当总产量曲线达到顶点时,(　　)。

　　A. 边际产量为零　　　　　　　　　　B. 平均产量最大

　　C. 边际产量曲线达到最高点　　　　　D. 平均产量为零

4. 当边际产量大于平均产量时,(　　)。

　　A. 平均产量增加　　B. 平均产量减少　　C. 总产量减少　　D. 总产量不变

5. 当边际产量递减时,平均产量(　　)。

　　A. 一定递减　　　　B. 一定递增　　　　C. 先递增后递减　　D. 先递减后递增

6. 当边际产量小于平均产量时,(　　)。

　　A. 总产量减少　　　　　　　　　　　B. 平均产量递减

　　C. 边际产量递减　　　　　　　　　　D. 总产量达到最大值

7. 在短期生产中,当平均产量达到最大值时,(　　)。

　　A. 总产量达到最大值　　　　　　　　B. 边际产量为零

　　C. 边际产量曲线与平均产量曲线相交　D. 边际产量达到最大值

8. 在生产函数中,如果某生产要素的边际产量为负,那么(　　)。

　　A. 该生产要素的平均产量一定为负

　　B. 总产量一定减少

　　C. 该生产要素的边际产量一定小于其平均产量

　　D. 以上都正确

四、简答题

1. 什么是短期生产函数?

2. 总产量、平均产量和边际产量之间的关系是什么?

3. 如何根据短期生产函数求边际产量?

第四节　短期成本函数

一、名词解释
1. 成本
2. 机会成本
3. 显性成本
4. 隐性成本
5. 固定成本
6. 可变成本

二、判断题
1. 短期总成本等于总固定成本与总可变成本之和。（　　）
   A. 正确　　　　　　　　　　　　B. 错误
2. 固定成本包括厂房和设备的折旧，以及生产人员的工资费用等。（　　）
   A. 正确　　　　　　　　　　　　B. 错误
3. 边际成本是增加一个单位产量时总成本的增加额。（　　）
   A. 正确　　　　　　　　　　　　B. 错误
4. 在短期成本函数中，平均总成本等于平均可变成本与平均固定成本之和。（　　）
   A. 正确　　　　　　　　　　　　B. 错误
5. 在短期生产中，所有生产要素的使用量都是可变的。（　　）
   A. 正确　　　　　　　　　　　　B. 错误

三、单项选择题
1. 短期成本函数中的可变成本是指（　　）。
   A. 随产量变动而变动的成本　　　　B. 不随产量变动而变动的成本
   C. 固定成本加可变成本　　　　　　D. 总成本除以产量
2. 在短期成本函数中，固定成本是指（　　）。
   A. 随产量增加而增加的成本　　　　B. 不随产量变动而变动的成本
   C. 平均成本　　　　　　　　　　　D. 边际成本
3. 在短期成本函数中，平均固定成本随着产量的增加而（　　）。
   A. 增加　　　　　　　　　　　　　B. 减少
   C. 不变　　　　　　　　　　　　　D. 无法确定
4. 在短期成本函数中，边际成本是指（　　）。
   A. 增加一个单位产量所带来的总成本的增加量
   B. 平均成本的变化量
   C. 固定成本的变化量
   D. 总成本除以产量

四、简答题
1. 什么是短期成本函数？

2. 短期成本函数主要由哪些要素构成？

第四章 市场结构

第一节 市场结构

一、名词解释
1. 市场
2. 市场结构

二、判断题
1. 在完全竞争市场中,每个厂商都可以完全控制市场价格。 （　）
　　A. 正确　　　　　　　　　　　　　B. 错误
2. 在垄断市场中,只有一个厂商提供产品,且没有替代品。 （　）
　　A. 正确　　　　　　　　　　　　　B. 错误
3. 在寡头市场中,厂商数量较多,每个厂商的市场份额都较小。 （　）
　　A. 正确　　　　　　　　　　　　　B. 错误
4. 在垄断竞争市场中,产品之间存在差异,但厂商对价格有一定的控制力。 （　）
　　A. 正确　　　　　　　　　　　　　B. 错误
5. 在完全竞争市场中,产品是同质的,没有差异。 （　）
　　A. 正确　　　　　　　　　　　　　B. 错误
6. 在垄断市场中,厂商可以自由进入和退出市场。 （　）
　　A. 正确　　　　　　　　　　　　　B. 错误
7. 在寡头市场中,厂商之间往往存在相互依存的关系。 （　）
　　A. 正确　　　　　　　　　　　　　B. 错误
8. 在垄断竞争市场中,厂商可以完全控制市场价格。 （　）
　　A. 正确　　　　　　　　　　　　　B. 错误
9. 市场结构主要由市场中厂商的数量、产品的差异程度、厂商对价格的控制力和市场进入壁垒等因素决定。 （　）
　　A. 正确　　　　　　　　　　　　　B. 错误
10. 在完全竞争市场中,每个厂商都是价格的接受者,无法影响市场价格。 （　）
　　A. 正确　　　　　　　　　　　　　B. 错误
11. 在垄断市场中,厂商可以通过调整产量来控制市场价格。 （　）
　　A. 正确　　　　　　　　　　　　　B. 错误

12. 在寡头市场中,厂商之间的行为往往具有不确定性,因为每个厂商都要考虑其他厂商的反应。 ( )
   A. 正确　　　　　　　　　　　　　　B. 错误
13. 在垄断竞争市场中,厂商可以通过产品差异来避免价格竞争。 ( )
   A. 正确　　　　　　　　　　　　　　B. 错误
14. 在寡头市场中,厂商的需求曲线通常是向右下方倾斜的。 ( )
   A. 正确　　　　　　　　　　　　　　B. 错误
15. 在垄断竞争市场中,厂商的需求曲线是向下倾斜的,但比完全竞争市场中的需求曲线更陡峭。 ( )
   A. 正确　　　　　　　　　　　　　　B. 错误
16. 市场进入壁垒越高,市场中的厂商数量就越少,市场竞争程度就越低。 ( )
   A. 正确　　　　　　　　　　　　　　B. 错误

三、单项选择题

1. 在市场结构中,(   )只有一个卖者,且没有任何相近的替代品。
   A. 完全竞争市场　　B. 垄断市场　　C. 垄断竞争市场　　D. 寡头市场
2. 在完全竞争市场中,企业是(   )。
   A. 价格制定者　　B. 价格接受者　　C. 产品差异化者　　D. 市场领导者
3. 在寡头市场中,企业数量(   )。
   A. 非常多　　　　B. 很少　　　　C. 只有一个　　　　D. 两个
4. 在(   )市场结构下,企业可以自由进入和退出市场。
   A. 垄断市场　　　B. 寡头市场　　C. 完全竞争市场　　D. 垄断竞争市场
5. 在垄断竞争市场中,产品(   )。
   A. 是完全相同的　　　　　　　　　　B. 有很大的差异
   C. 几乎没有差异　　　　　　　　　　D. 是由单一企业生产的
6. 在(   )市场结构下,价格由市场供求关系决定。
   A. 垄断市场　　　B. 完全竞争市场　　C. 寡头市场　　　D. 垄断竞争市场
7. 在寡头市场中,企业间的决策(   )。
   A. 相互独立　　　B. 相互影响　　C. 完全无关　　　　D. 由政府决定
8. 在(   )市场结构下,企业数量较多,但产品存在差异。
   A. 完全竞争市场　　B. 垄断市场　　C. 寡头市场　　　D. 垄断竞争市场
9. 在完全竞争市场中,均衡价格和均衡数量是通过(   )实现的。
   A. 政府干预　　　B. 市场机制　　C. 价格垄断　　　　D. 价格歧视

四、简答题

划分市场结构的标准有哪些?

第二节　完全竞争市场

一、名词解释

完全竞争市场

二、判断题

1. 对于任何厂商来说,在长期均衡中都必然实现总收益大于总成本。　　　　　(　　)
   A. 正确　　　　　　　　　　　　　B. 错误
2. 市场竞争程度的强弱是微观经济学划分市场类型的标准之一。　　　　　　(　　)
   A. 正确　　　　　　　　　　　　　B. 错误
3. 完全竞争厂商只能被动地接受既定的市场价格。　　　　　　　　　　　　(　　)
   A. 正确　　　　　　　　　　　　　B. 错误
4. 处于完全竞争产品市场而不同时处于完全竞争要素市场的厂商也是完全竞争厂商。
   　　　　　　　　　　　　　　　　　　　　　　　　　　　　　　　　(　　)
   A. 正确　　　　　　　　　　　　　B. 错误
5. 在完全竞争条件下,厂商所面临的需求曲线是一条水平线。　　　　　　　(　　)
   A. 正确　　　　　　　　　　　　　B. 错误
6. 完全竞争厂商的平均收益曲线和边际收益曲线与需求曲线是相同的。　　　(　　)
   A. 正确　　　　　　　　　　　　　B. 错误
7. 若企业经济利润为零,就是收支相抵。　　　　　　　　　　　　　　　　(　　)
   A. 正确　　　　　　　　　　　　　B. 错误
8. 企业获得经济利润则一定获得正常利润。　　　　　　　　　　　　　　　(　　)
   A. 正确　　　　　　　　　　　　　B. 错误
9. 在完全竞争市场中,买卖双方信息对称,但信息不完全。　　　　　　　　(　　)
   A. 正确　　　　　　　　　　　　　B. 错误

三、单项选择题

1. 在 MR＝MC 的均衡产量上,企业(　　)。
   A. 必然得到最大的利润
   B. 不可能亏损
   C. 必然获得最小的亏损
   D. 若有利润,则利润最大;若有亏损,则亏损最小
2. 在完全竞争的条件下,如果某行业的厂商的商品价格等于平均成本,那么(　　)。
   A. 新的厂商要进入这个行业　　　　B. 原有厂商退出这个行业
   C. 既没有厂商进入也没厂商退出这个行业　　D. 既有厂商进入也有厂商退出这个行业
3. 在完全竞争市场上,厂商短期均衡条件是(　　)。
   A. $P＝AR$　　　B. $P＝MR$　　　C. $P＝MC$　　　D. $P＝AC$

四、简答题

1. 完全竞争市场的主要特征是什么？

2. 完全竞争市场与垄断市场的主要区别是什么？

第三节　垄断市场

一、名词解释

1. 垄断市场
2. 垄断厂商

二、判断题

1. 垄断者是价格接受者。　　　　　　　　　　　　　　　　　　　　　　（　　）
   A. 正确　　　　　　　　　　　　　　B. 错误
2. 垄断市场进入壁垒最常见的来源是垄断者拥有生产那种物品所必需的一种关键资源。
   　　　　　　　　　　　　　　　　　　　　　　　　　　　　　　　（　　）
   A. 正确　　　　　　　　　　　　　　B. 错误
3. 垄断者是没有相近替代品的一种物品的唯一卖者。　　　　　　　　　（　　）
   A. 正确　　　　　　　　　　　　　　B. 错误
4. 自然垄断是把其自然资源所有权作为其市场进入壁垒的垄断。　　　　（　　）
   A. 正确　　　　　　　　　　　　　　B. 错误
5. 垄断者面临的需求曲线是其物品的市场需求曲线。　　　　　　　　　（　　）
   A. 正确　　　　　　　　　　　　　　B. 错误
6. 对于垄断者来说，边际收益总是低于物品的价格。　　　　　　　　　（　　）
   A. 正确　　　　　　　　　　　　　　B. 错误
7. 垄断者选择边际收益等于边际成本的产量，然后用需求曲线找出将使消费者购买这种数量的价格。　　　　　　　　　　　　　　　　　　　　　　　　　　　　（　　）
   A. 正确　　　　　　　　　　　　　　B. 错误
8. 垄断厂商可以任意制定价格。　　　　　　　　　　　　　　　　　　（　　）
   A. 正确　　　　　　　　　　　　　　B. 错误

9. 垄断厂商不可能存在亏损。（   ）
   A. 正确　　　　　　　　　　　　　B. 错误
10. 垄断企业都可以实行价格歧视。（   ）
    A. 正确　　　　　　　　　　　　　B. 错误
11. 虽然很高的固定成本会是厂商亏损的原因,但永远不会是厂商停产的原因。（   ）
    A. 正确　　　　　　　　　　　　　B. 错误

三、单项选择题

1. 垄断市场是指市场上只有一个卖者的市场结构,这种市场结构通常出现在(   )行业。
   A. 完全竞争行业　　　　　　　　　B. 寡头市场
   C. 垄断竞争行业　　　　　　　　　D. 卖方独家控制关键资源或技术的行业
2. 在垄断市场上,价格由(   )决定。
   A. 市场供求关系　　B. 政府定价　　C. 垄断者　　　　D. 消费者
3. 垄断市场的形成原因不包括(   )。
   A. 政府授权　　　　　　　　　　　B. 专利保护
   C. 自然资源稀缺　　　　　　　　　D. 完全竞争
4. 在垄断市场中,消费者通常面临的情况是(   )。
   A. 价格选择多样　　　　　　　　　B. 产品选择多样
   C. 价格和产品选择都有限　　　　　D. 产品完全标准化
5. 在垄断市场下,垄断者通过(   )实现利润最大化。
   A. 降价促销　　　　　　　　　　　B. 提高产量
   C. 控制产量和价格　　　　　　　　D. 增加产品多样性
6. 在垄断市场中,垄断者没有面临的竞争压力是(   )。
   A. 新进入者的威胁　　　　　　　　B. 替代品的威胁
   C. 消费者的议价能力　　　　　　　D. 其他垄断者的竞争
7. 以下最可能形成垄断市场的行业是(   )。
   A. 农业　　　　　B. 零售业　　　　C. 铁路运输　　　D. 服装制造
8. 在垄断市场中,垄断者可以通过(   )阻止新进入者。
   A. 降价促销　　　　　　　　　　　B. 提高产品质量
   C. 设置进入壁垒　　　　　　　　　D. 增加广告投入
9. 在垄断市场下,消费者剩余通常会比在(   )下更少。
   A. 完全竞争市场　　　　　　　　　B. 寡头市场
   C. 垄断竞争市场　　　　　　　　　D. 以上都正确
10. 在垄断市场下,垄断者为了维持高价,可能会采取的策略是(   )。
    A. 增加产量　　　　　　　　　　　B. 减少产量
    C. 提高产品质量　　　　　　　　　D. 增加产品多样性
11. 在垄断市场中,垄断者面对的需求弹性通常是(   )。
    A. 完全弹性　　　B. 完全无弹性　　C. 相对较小　　　D. 相对较大

12. 在垄断市场下,价格歧视是指(   )。
    A. 垄断者对不同的消费者收取不同的价格
    B. 垄断者对同一产品在不同市场收取不同的价格
    C. 垄断者对不同数量的产品收取不同的价格
    D. 以上都正确
13. 在垄断市场下,政府通常会对垄断者进行(   )监管。
    A. 价格监管   B. 产量监管   C. 质量监管   D. 以上都正确

四、简答题

1. 垄断市场的特征是什么？

2. 垄断厂商如何实现价格歧视？

3. 请简述垄断的定义及原因。

4. 分别阐述一级价格歧视、二级价格歧视和三级价格歧视。

第四节 垄断竞争

一、名词解释
1. 垄断竞争
2. 垄断竞争市场

二、判断题
1. 垄断竞争市场中有大量的买家和卖家。   (   )
    A. 正确   B. 错误

2. 垄断竞争市场进出有一定的门槛限制。（　　）
   A. 正确　　　　　　　　　　　　B. 错误
3. 垄断竞争市场中不同企业生产的产品是完全相同的。（　　）
   A. 正确　　　　　　　　　　　　B. 错误
4. 在垄断竞争市场中,产品的差异主要源于产品客观属性的不同。（　　）
   A. 正确　　　　　　　　　　　　B. 错误
5. 在垄断竞争市场中,厂商可以形成产品集团,但互不依存。（　　）
   A. 正确　　　　　　　　　　　　B. 错误
6. 垄断竞争厂商在长期均衡时可以获得超额利润。（　　）
   A. 正确　　　　　　　　　　　　B. 错误
7. 垄断竞争市场中的价格竞争比完全竞争市场更为激烈。（　　）
   A. 正确　　　　　　　　　　　　B. 错误
8. 垄断竞争市场中的产品差别越大,厂商的垄断程度就越高。（　　）
   A. 正确　　　　　　　　　　　　B. 错误
9. 垄断竞争市场可以实现资源的最佳配置。（　　）
   A. 正确　　　　　　　　　　　　B. 错误

三、单项选择题

1. 以下市场属于垄断竞争市场的是(　　)。
   A. 铁路　　　　　B. 通信行业　　　　C. 手机市场　　　　D. 汽油行业
2. 垄断竞争市场的特征是(　　)。
   A. 只有一家厂商生产无任何替代品的产品
   B. 行业中有少数企业,生产或销售无差异的产品
   C. 行业中有大量企业,生产或销售有差异的产品,但彼此间的产品可以替代
   D. 行业中有大量企业,生产或销售有差异的产品,并且无法替代
3. 在垄断竞争市场上,当需求富于弹性时,以下说法正确的是(　　)。
   A. 边际收益与边际成本之间的差额较大
   B. 边际收益与价格之间的差额较大
   C. 边际收益与价格之间的差额为 0
   D. 边际收益与价格之间的差额较小
4. 在垄断竞争市场上,边际收益与平均收益的关系是(　　)。
   A. 边际收益大于平均收益
   B. 边际收益小于平均收益
   C. 边际收益等于平均收益
   D. 边际收益曲线交于平均收益曲线的最低点
5. 以下不是垄断竞争市场的特点的是(　　)。
   A. 厂商众多　　　　　　　　　　B. 进出该行业容易
   C. 厂商之间互不依存　　　　　　D. 产品之间无法替代

6. 垄断竞争厂商实现长期均衡的条件是（　　）。
    A. 边际收益大于边际成本
    B. 边际收益等于边际成本，平均收益大于平均成本
    C. 边际收益等于边际成本，平均收益等于平均成本
    D. 边际收益小于边际成本，平均收益等于平均成本
7. 以下情况最有可能出现在垄断竞争市场上的是（　　）。
    A. 产品完全无差异　　　　　　　　　　B. 只有一家企业控制市场
    C. 企业可以自由进入和退出市场　　　　D. 产品需求完全无弹性
8. 垄断竞争市场与完全竞争市场在资源配置上的主要区别是（　　）。
    A. 完全竞争市场能更充分地利用资源　　B. 垄断竞争市场能更充分地利用资源
    C. 两者在资源配置上无差异　　　　　　D. 无法确定

四、简答题

1. 垄断竞争市场的特点是什么？

2. 垄断竞争厂商面临的需求曲线有几种？分别代表什么？

第五节　寡　头

一、名词解释

1. 寡头
2. 卡特尔

二、判断题

1. 寡头市场是指由少数几家厂商控制整个市场的产品的生产和销售的一种市场组织。（　　）
    A. 正确　　　　　　　　　　　　　　B. 错误
2. 在寡头市场中，厂商之间不存在合作与竞争的关系。（　　）
    A. 正确　　　　　　　　　　　　　　B. 错误
3. 寡头市场的关键特征是合作与利己之间的冲突，即利己与合作冲突使寡头企业陷入"囚徒困境"。（　　）
    A. 正确　　　　　　　　　　　　　　B. 错误

4. 寡头垄断市场上通常只有几家厂商,所占市场份额往往很低,对市场的产量和价格均没有控制力。（   ）
   A. 正确   B. 错误
5. 由于寡头市场只有几个卖者,所以寡头垄断市场上产品的差异化程度通常很高。（   ）
   A. 正确   B. 错误
6. 在卡特尔模型中,各成员厂商会按照相同的价格出售产品,并要求生产相等的产量。（   ）
   A. 正确   B. 错误
7. 寡头市场的进入壁垒通常很高,新厂商难以进入。（   ）
   A. 正确   B. 错误

三、单项选择题

1. 寡头市场是指市场上只有少数几家厂商交易产品,且交易的产品都大同小异的市场。下列最接近于寡头市场的是（   ）。
   A. 汽车销售市场   B. 牙膏市场
   C. 服装市场   D. 电力市场
2. 在寡头市场上,由于厂商之间可以进行勾结,所以,它们可以通过公开或秘密的方式达成某种协议,使整个行业的产量或价格维持在一个较高的水平,从而使厂商获得较高的利润。这种行为被称为（   ）。
   A. 价格领袖   B. 卡特尔   C. 斯威齐模型   D. 古诺模型
3. 在寡头市场上,当一个厂商提高价格时,行业中的其他厂商都不会跟着改变自己的价格,因而提价的厂商的销售量减少很多,所以,这种厂商一般不会轻易提价。这种描述的现象是（   ）。
   A. 价格领袖制   B. 弯折的需求曲线模型
   C. 古诺模型   D. 斯威齐模型
4. 在寡头垄断市场上,由于每个厂商的产量在总产量中都占有一定的份额,因此,厂商可以估计竞争对手的反应,进而决定自己的产量或价格水平。这种现象是（   ）。
   A. 相互依赖   B. 产品同质
   C. 进出不易   D. 厂商数目少
5. 如果某厂商的产品需求曲线是弯折的,则该行业应该是（   ）。
   A. 完全竞争   B. 完全垄断   C. 寡头垄断   D. 垄断竞争
6. 在寡头市场上,由于每个厂商的产量都占有一定的市场份额,所以,厂商对市场需求的变化和竞争对手的行动都相当敏感,因而很难形成长期的均衡状态。这种现象是（   ）。
   A. 市场的不确定性   B. 相互依存
   C. 进出不易   D. 产品无差别
7. 在寡头市场上,由于厂商数目较少,所以,每个厂商的行为都会对整个市场产生较大的影响。这种现象是（   ）。
   A. 规模经济   B. 市场集中度高
   C. 产品差异化   D. 进入壁垒高

8. 在寡头市场上,厂商之间往往存在着一定的勾结或协议,以维持整个行业的利润水平。这种现象是( )。
   A. 卡特尔　　　　　　　　　　B. 价格领袖
   C. 弯折的需求曲线　　　　　　D. 古诺均衡

四、简答题

1. 什么是寡头市场?

2. 寡头市场的特征有哪些?

第二部分 管理学基础

第五章 管理与管理理论

第一节 管理的内涵

一、名词解释
1. 管理
2. 决策
3. 组织
4. 领导
5. 创新

二、判断题
1. 管理是一种古老的活动,其含义在不同文化和时代中保持不变。（ ）
   A. 正确　　　　　　　　　　　　B. 错误
2. 管理的目的是实现管理本身,而不是为了实现组织目标。（ ）
   A. 正确　　　　　　　　　　　　B. 错误
3. 任何人都可以成为管理者,因为管理不需要专门的知识和技能。（ ）
   A. 正确　　　　　　　　　　　　B. 错误
4. 管理的客体仅指组织活动,不包括参与要素。（ ）
   A. 正确　　　　　　　　　　　　B. 错误
5. 管理是一个单一的过程,只包括决策。（ ）
   A. 正确　　　　　　　　　　　　B. 错误
6. 决策是在不考虑组织内外部环境的情况下进行的。（ ）
   A. 正确　　　　　　　　　　　　B. 错误
7. 组织设计仅涉及职务设计,不包括机构设计和结构设计。（ ）
   A. 正确　　　　　　　　　　　　B. 错误
8. 领导工作是确保每个成员以高昂的士气、饱满的热情投身到组织活动中去。（ ）
   A. 正确　　　　　　　　　　　　B. 错误
9. 控制工作是确保组织系统按预定要求运作,但不需要分析偏差产生的原因。（ ）
   A. 正确　　　　　　　　　　　　B. 错误
10. 创新职能只涉及组织内部的活动技术与方法的变革,不涉及组织活动与人的安排的优化。（ ）
    A. 正确　　　　　　　　　　　　B. 错误

三、单项选择题

1. "管理"一词从字面上理解包含（　　）两个层面的含义。
   A. 计划和执行　　B. 控制和创新　　C. 管和理　　D. 组织和领导

2. 管理的最终目的是（　　）。
   A. 增加员工福利　　　　　　　　B. 提高管理者的权力
   C. 有效地实现组织预定的目标　　D. 减少资源消耗

3. 管理的主体指的是（　　）。
   A. 组织的所有成员　　　　　　B. 组织的外部顾问
   C. 具有专门知识的管理者　　　D. 组织的高层领导

4. 管理的客体包括的内容是（　　）。
   A. 组织活动及其参与要素　　　B. 组织的目标和愿景
   C. 组织的资金和设备　　　　　D. 组织的所有文档和记录

5. 管理是一个包括（　　）工作的综合过程。
   A. 决策和执行　　　　　　　　　B. 组织和领导
   C. 决策、组织、领导、控制以及创新　D. 控制和创新

6. 在决策过程中，管理者首先需要做的是（　　）。
   A. 设计组织结构　　　　　　　B. 分析组织活动的内外部背景
   C. 制定行动计划　　　　　　　D. 实施决策

7. 以下不属于组织设计内容的是（　　）。
   A. 职务设计　　B. 机构设计　　C. 结构设计　　D. 员工培训

8. 领导工作的核心是（　　）。
   A. 指挥和影响下属　　B. 制定组织目标　　C. 控制组织活动　　D. 创新组织方法

9. 控制工作不涉及的活动是（　　）。
   A. 检查和监督工作　　　　　　B. 分析偏差产生的原因
   C. 实施纠正偏差的措施　　　　D. 设计组织结构

10. 创新职能主要实现（　　）方面的变革和优化。
    A. 组织内部的活动技术与方法　　B. 组织外部的市场环境
    C. 组织的资金管理　　　　　　　D. 组织的产品开发

四、简答题

1. 描述管理的四个基本特征。

2. 为什么管理不仅仅是决策？

3. 描述管理的基本特征之一——管理的目的。

4. 解释管理的主体指的是什么,并说明为什么不是任何人都可以成为管理者。

5. 简述管理工作内容中的"领导"工作包含哪些方面。

6. 描述管理中的"创新"职能是如何实现组织活动的变革和优化的。

五、案例分析题

某科技公司最近在市场上推出了一款新产品,但由于市场竞争激烈,产品销量未达预期。公司管理层需要分析当前状况,制定新的策略来提升产品销量,并优化内部资源配置以提高效率。请基于管理的基本概念和特征,分析该公司在管理过程中可能存在的问题,并提出相应的改进措施。

请确定该公司在管理过程中可能忽视了哪些管理的基本特征,并提出具体的决策、组织、领导、控制和创新方面的改进建议。

第二节　管理的本质

一、名词解释
1. 管理的科学性
2. 管理的艺术性

二、判断题
1. 管理的本质是对组织成员在活动中的行为进行协调。　　　　　　　　　　（　　）
　　A. 正确　　　　　　　　　　　　B. 错误

2. 管理仅仅是对个体行为的管理,与组织的目标无关。（   ）
   A. 正确　　　　　　　　　　　　B. 错误
3. 组织成员的行为能够被有效协调的前提是他们愿意接受这种协调。（   ）
   A. 正确　　　　　　　　　　　　B. 错误
4. 由于认知和行动能力的限制,个人在参与组织活动中表现出的行为总是符合组织的要求。（   ）
   A. 正确　　　　　　　　　　　　B. 错误
5. 管理的科学性体现在已经形成了一套比较完整的理论知识体系,为指导管理实践提供了基本的原理、原则和方法。（   ）
   A. 正确　　　　　　　　　　　　B. 错误
6. 管理的艺术性是指管理者在运用管理学的理论知识解决管理实践中遇到的问题时所形成的解决问题的方法或诀窍。（   ）
   A. 正确　　　　　　　　　　　　B. 错误
7. 管理工作是科学性与艺术性的有机统一,这意味着管理过程不需要艺术性的特征。（   ）
   A. 正确　　　　　　　　　　　　B. 错误
8. 管理活动的有效性完全取决于管理者能否科学地运用管理理论和管理工具。（   ）
   A. 正确　　　　　　　　　　　　B. 错误

三、单项选择题

1. 管理的本质主要是对（   ）进行协调。
   A. 组织资源　　　　　　　　　　B. 组织结构
   C. 组织成员的行为　　　　　　　D. 组织目标
2. 管理者的主要工作是（   ）。
   A. 制定策略　　　　　　　　　　B. 用对的人做对的事
   C. 监督工作进度　　　　　　　　D. 分配任务
3. 组织成员行为能够被有效协调的前提是（   ）。
   A. 他们的行为完全符合组织要求　B. 他们愿意接受这种协调
   C. 他们具有最高的认知能力　　　D. 他们的行为不可协调
4. 由于认知和行动能力的限制,个人在参与组织活动中表现出的行为（   ）。
   A. 总是符合组织的要求　　　　　B. 完全不符合组织的要求
   C. 不一定完全符合组织的要求　　D. 与组织要求无关
5. 管理的科学性体现在（   ）。
   A. 管理者的直觉　　　　　　　　B. 管理者的经验
   C. 一套比较完整的理论知识体系　D. 管理者的个人喜好
6. 管理的艺术性强调的是（   ）。
   A. 管理的理论性　　　　　　　　B. 管理的实践性
   C. 管理的创新性　　　　　　　　D. 管理的规范性

7. 管理工作是科学性与艺术性的有机统一,这意味着(　　)。
   A. 管理过程完全依赖科学理论
   B. 管理过程完全依赖艺术性
   C. 管理过程需要科学合理地运用管理理论和管理工具,同时体现出艺术性的特征
   D. 管理过程与科学性和艺术性无关
8. 管理活动的有效性在很大程度上取决于(　　)。
   A. 管理者的权威
   B. 管理者能否艺术地运用科学的理论、手段和方法
   C. 组织成员的个人能力
   D. 组织的资源多少

四、简答题

1. 描述管理的本质。

2. 解释管理者如何通过对人的管理来达成对事的管理。

3. 描述管理的科学性。

4. 描述管理的艺术性。

5. 说明管理工作中科学性与艺术性的有机统一如何影响管理活动的有效性。

五、案例分析题

一家中型制造企业最近面临生产效率低下和员工士气低落的问题。经过初步调查,发现员工对当前的工作流程和管理体系感到不满,认为现有的管理体系没有充分发挥他们的能力,而且缺乏灵活性。管理层意识到,如果不采取措施,公司的竞争力将受到严重影响。

请分析该企业当前管理中可能存在的问题,并提出改进措施。在分析中,请考虑管理的本质、管理的科学性和艺术性,并提出如何协调组织成员的行为以提高生产效率和员工士气。

第三节 管理的基本原理

一、名词解释

1. 人本原理
2. 系统原理
3. 效益原理
4. 适度原理

二、判断题

1. 人本原理强调管理应以提高效率为主要目标。　　　　　　　　　　　(　　)
   A. 正确　　　　　　　　　　　　　B. 错误
2. 系统原理认为管理活动所处理的每一个问题都是孤立的。　　　　　　(　　)
   A. 正确　　　　　　　　　　　　　B. 错误
3. 效益原理主张以最少的资源消耗实现组织目标。　　　　　　　　　　(　　)
   A. 正确　　　　　　　　　　　　　B. 错误
4. 适度原理要求管理者在权力分配上完全集中。　　　　　　　　　　　(　　)
   A. 正确　　　　　　　　　　　　　B. 错误
5. 人本原理中的"依靠人的管理"意味着管理者应完全依赖员工来制定所有决策。(　　)
   A. 正确　　　　　　　　　　　　　B. 错误
6. 系统原理中的层次观点要求不同层次的管理者有明确的职责和任务。　(　　)
   A. 正确　　　　　　　　　　　　　B. 错误
7. 效益原理与资源消耗的高低无关。　　　　　　　　　　　　　　　　(　　)
   A. 正确　　　　　　　　　　　　　B. 错误
8. 适度原理认为在管理中不存在相互矛盾的选择。　　　　　　　　　　(　　)
   A. 正确　　　　　　　　　　　　　B. 错误

9. 系统原理中的开发观点强调组织与环境的单向作用。　　　　　　　　　　（　　）

　　A. 正确　　　　　　　　　　　　　　　B. 错误

10. 人本原理不涉及管理的人性化。　　　　　　　　　　　　　　　　　　（　　）

　　A. 正确　　　　　　　　　　　　　　　B. 错误

三、单项选择题

1. 人本原理强调的管理目标不包括（　　）。

　　A. 提高组织业务活动的效率　　　　　　B. 促进人的全面发展

　　C. 增加组织的市场占有率　　　　　　　D. 实现组织成员的社会价值

2. 系统原理中的"开发观点"意味着管理者应该（　　）。

　　A. 只关注内部管理活动　　　　　　　　B. 只研究和分析环境的变化

　　C. 通过活动改造和开发环境　　　　　　D. 忽略市场环境的特点及变化

3. 效益原理中"做正确的事"和"用正确的方法做事"分别指（　　）。

　　A. 前者指资源的合理配置，后者指资源的充分利用

　　B. 前者指活动正确与否，后者指方法正确与否

　　C. 前者指追求效益，后者指提高效率

　　D. 前者指经济效益，后者指社会效益

4. 适度原理要求管理者在权力分配上应该（　　）。

　　A. 完全集中　　　　　　　　　　　　　B. 绝对分散

　　C. 找到最恰当的点进行适度管理　　　　D. 避免任何形式的折中或妥协

5. 系统原理中的层次观点要求管理者（　　）。

　　A. 忽略不同管理层次的职责和任务

　　B. 越权指挥或请示

　　C. 职责清楚、任务明确

　　D. 只关注自己层次的任务，忽略其他层次

6. 人本原理中的"为了人的管理"主要指（　　）。

　　A. 通过管理提高组织效率

　　B. 通过管理提高员工满意度

　　C. 通过管理实现组织成员的个人发展

　　D. 通过管理减少员工的工作压力

7. 效益原理要求管理活动始终围绕（　　）目标。

　　A. 经济效益最大化　　　　　　　　　　B. 社会效益最大化

　　C. 系统的整体优化　　　　　　　　　　D. 资源的最小消耗

8. 适度原理中，管理者在业务活动范围的选择上应该（　　）。

　　A. 选择过宽的范围

　　B. 选择过窄的范围

　　C. 在两个极端之间找到最恰当的点

　　D. 忽略范围的选择

四、简答题

1. 请解释人本原理中"依靠人的管理"和"为了人的管理"的含义。

2. 系统原理在管理中的重要性是什么?

3. 效益原理如何指导管理者实现资源的最优利用?

4. 适度原理在管理中扮演什么角色?

5. 简述管理的四个基本原理。

五、案例分析题

某科技公司在快速发展中遇到了一些管理挑战。公司员工反映工作压力大,团队合作效率低,而且员工对公司的未来发展方向感到不确定。管理层意识到需要改进管理方式,以提高员工满意度和工作效率,同时确保公司的长期竞争力。

请分析该公司当前可能面临的管理问题,并基于管理的基本原理(人本原理、系统原理、效益原理、适度原理)提出具体的改进建议。

第四节　古典管理理论

一、名词解释

1. 古典管理理论
2. 科学管理理论
3. 差别计件工资制
4. 职能工长制
5. 例外管理
6. 劳动分工
7. 统一指挥
8. 等级链与跳板原则
9. 法理型权力
10. 理想的科层组织体系
11. 传统型权力
12. 个人魅力型权力

二、判断题

1. 古典管理理论的形成标志着管理学成为一门科学。　　　　　　　　　　（　　）
 A. 正确　　　　　　　　　　　　　B. 错误

2. 泰勒的科学管理理论认为提高劳动生产率与管理者和员工的精神和思想变革无关。
　　　　　　　　　　　　　　　　　　　　　　　　　　　　　　　　（　　）
 A. 正确　　　　　　　　　　　　　B. 错误

3. 泰勒提出的差别计件工资制主张无论工人产量如何，都应支付相同的工资。（　　）
 A. 正确　　　　　　　　　　　　　B. 错误

4. 泰勒主张在企业中设置计划部门，将计划职能和执行职能分开，这是为了提高劳动生产率。　　　　　　　　　　　　　　　　　　　　　　　　　　　　　　（　　）
 A. 正确　　　　　　　　　　　　　B. 错误

5. 职能工长制是泰勒提出的，它要求每个管理者承担所有的管理工作。　　（　　）
 A. 正确　　　　　　　　　　　　　B. 错误

6. 例外管理原则意味着高层管理者不参与任何日常事务的处理。　　　　　（　　）
 A. 正确　　　　　　　　　　　　　B. 错误

7. 古典管理理论只关注生产过程的管理手段和方法，而忽视了人的因素。　（　　）
 A. 正确　　　　　　　　　　　　　B. 错误

8. 科学管理理论的形成完全是泰勒个人的贡献，与其他19世纪的理论和实践无关。
　　　　　　　　　　　　　　　　　　　　　　　　　　　　　　　　（　　）
 A. 正确　　　　　　　　　　　　　B. 错误

9. 法约尔将经营和管理视为相同的概念。( )
    A. 正确　　　　　　　　　　　　　B. 错误
10. 技术活动属于法约尔提出的经营六种活动之一。( )
    A. 正确　　　　　　　　　　　　　B. 错误
11. 法约尔认为管理活动不包括计划和控制。( )
    A. 正确　　　　　　　　　　　　　B. 错误
12. 劳动分工原则是法约尔提出的14条管理原则之一。( )
    A. 正确　　　　　　　　　　　　　B. 错误
13. 权力与责任可以分离，不需要相互依存。( )
    A. 正确　　　　　　　　　　　　　B. 错误
14. 纪律是企业领导人与下属人员之间达成的一种协议。( )
    A. 正确　　　　　　　　　　　　　B. 错误
15. 统一指挥原则意味着一个人可以同时接受多个上级的命令。( )
    A. 正确　　　　　　　　　　　　　B. 错误
16. 个人利益服从集体利益原则与员工个人目标无关。( )
    A. 正确　　　　　　　　　　　　　B. 错误
17. 合理的报酬原则认为薪金制度应不公平，以激发员工热情。( )
    A. 正确　　　　　　　　　　　　　B. 错误
18. 集权和分权原则与下属的重要性无关。( )
    A. 正确　　　　　　　　　　　　　B. 错误
19. 等级链与跳板原则允许部门之间直接沟通，无须上级干预。( )
    A. 正确　　　　　　　　　　　　　B. 错误
20. 秩序原则要求设备和工具无序排列，以增加灵活性。( )
    A. 正确　　　　　　　　　　　　　B. 错误
21. 公平原则与公道原则是相同的。( )
    A. 正确　　　　　　　　　　　　　B. 错误
22. 保持人员稳定原则认为员工不必要的流动是管理不善的结果。( )
    A. 正确　　　　　　　　　　　　　B. 错误
23. 创新精神是法约尔提出的14条管理原则之一。( )
    A. 正确　　　　　　　　　　　　　B. 错误
24. 人员的团结与企业的发展无关。( )
    A. 正确　　　　　　　　　　　　　B. 错误
25. 马克斯·韦伯认为个人魅力型权力是建立在对个人崇拜基础之上的权力。( )
    A. 正确　　　　　　　　　　　　　B. 错误
26. 韦伯提出的理想的科层组织体系中，权力的授予是不稳定的，并且可以随意变更。
( )
    A. 正确　　　　　　　　　　　　　B. 错误

27. 法理型权力是韦伯认为在理想的科层组织体系中应当作为基础的权力类型。（   ）
    A. 正确   B. 错误
28. 韦伯认为任何组织的存在都不需要以某种形态的权力作为基础。（   ）
    A. 正确   B. 错误
29. 韦伯的科层组织理论认为,只有符合一般规定条件的人才能被雇用。（   ）
    A. 正确   B. 错误

三、单项选择题

1. 古典管理理论主要构成不包括（   ）。
    A. 泰勒的科学管理   B. 法约尔的一般管理
    C. 韦伯的理想科层组织体系   D. 梅奥的人际关系理论
2. 被称为"科学管理之父"的是（   ）。
    A. 亨利·法约尔   B. 马克斯·韦伯
    C. 弗雷德里克·泰勒   D. 乔治·埃尔顿·梅奥
3. 泰勒认为提高劳动生产率的首要任务是（   ）。
    A. 改进工作方法   B. 提高工资   C. 增加工作时间   D. 减少工人数量
4. 泰勒提出的差别计件工资制主张对未完成定额的工人应采取（   ）。
    A. 低工资率   B. 高工资率   C. 固定工资率   D. 无工资
5. 泰勒主张在企业中设置（   ）来提高劳动生产率。
    A. 人力资源部门   B. 财务部门   C. 计划部门   D. 销售部门
6. 泰勒提出的职能工长制中,每个管理者应至少承担（   ）管理工作。
    A. 一项   B. 两项   C. 三项   D. 所有工作
7. 在例外管理原则中,高层管理者保留（   ）的决策权。
    A. 一般的日常事务   B. 例外事项或重要问题
    C. 客户服务   D. 产品开发
8. 古典管理理论的形成主要是为了解决（   ）问题。
    A. 提高员工满意度   B. 增加产品种类
    C. 改善管理的粗放和低水平状态   D. 减少生产成本
9. 泰勒认为造成企业劳动生产率普遍低下的原因是（   ）。
    A. 工人懒惰
    B. 劳动使用不当、工人不愿多干、企业生产组织与管理方面的问题
    C. 缺乏科技支持
    D. 工资过高
10. 在泰勒的科学管理理论中,以下不是改进工作方法措施的是（   ）。
    A. 改进操作方法   B. 作业环境与作业条件的标准化
    C. 提供工人的社交活动   D. 根据工作要求挑选和培训工人
11. 法约尔将"经营"和"管理"的概念区分开来,他认为管理是经营的（   ）。
    A. 全部   B. 一部分   C. 无关部分   D. 对立部分

12. 法约尔提出的管理原则不包括（　　）。
    A. 劳动分工　　　　　　　　　　B. 权力与责任
    C. 个人利益服从集体利益　　　　D. 竞争原则
13. 法约尔认为纪律是（　　）。
    A. 领导人创造的　　B. 自然而然存在的　　C. 员工自发形成的　　D. 法律规定的
14. 统一指挥原则强调（　　）。
    A. 一个人可以同时接受多个上级的命令
    B. 一个人只能接受一个上级的命令
    C. 所有命令必须由最高领导发出
    D. 命令可以由任何管理层级发出
15. 法约尔提出的"跳板"原则允许（　　）。
    A. 所有沟通都按层次逐级进行　　B. 直接协商解决部门间问题
    C. 忽略等级制度　　　　　　　　D. 所有问题都上报最高管理层
16. 法约尔认为秩序是指（　　）。
    A. 凡事各有其位　　B. 无序即自由　　C. 随机应变　　D. 创新优先
17. 法约尔提出的管理要素不包括（　　）。
    A. 计划　　　　　B. 组织　　　　　C. 创新　　　　　D. 控制
18. 法约尔认为管理能力可以（　　）方式获得。
    A. 仅通过实践　　B. 仅通过教育　　C. 通过教育和实践
19. 法约尔的管理理论适用于（　　）。
    A. 企业组织　　　B. 非营利组织　　C. 所有组织　　　D. 特定组织
20. 在法约尔提出的14条管理原则中，强调了公平的重要性的是（　　）。
    A. 劳动分工　　　B. 权力与责任　　C. 合理的报酬　　D. 公平
21. 法约尔认为管理活动不包括（　　）。
    A. 计划　　　　　B. 组织　　　　　C. 指挥　　　　　D. 竞争
22. 在法约尔提出的管理原则中，涉及对工作成绩与工作效率优良者应有奖励的原则是（　　）。
    A. 劳动分工　　　　　　　　B. 合理的报酬
    C. 集权和分权　　　　　　　D. 等级链与跳板原则
23. 在法约尔的管理理论中，不是管理的五大职能之一的是（　　）。
    A. 计划　　　　　B. 组织　　　　　C. 领导　　　　　D. 控制
24. 法约尔认为管理理论是（　　）。
    A. 仅适用于特定组织　　　　B. 具有普遍性，适用于各类组织
    C. 不适用于非营利组织　　　D. 仅适用于营利组织
25. 马克斯·韦伯认为（　　）权力形态是理想的科层组织体系的基础。
    A. 传统型　　　　　　　　　B. 个人魅力型
    C. 法理型　　　　　　　　　D. 混合型

26. 在韦伯的科层组织理论中,(　　)形式是通过公职或职位进行管理的。
    A. 传统型组织　　　　　　　　　B. 个人魅力型组织
    C. 法理型组织　　　　　　　　　D. 混合型组织
27. 韦伯指出,科层组织的建立和运行依照(　　)三个原则。
    A. 传统、习惯和个人魅力
    B. 等级制度、权力形态和行政制度
    C. 正式职责分配、稳定授权和规定行使权力的方法
    D. 自由、平等和博爱
28. 在韦伯的权力类型中,(　　)权力是基于对神圣习惯的认同和尊重。
    A. 传统型　　　B. 个人魅力型　　　C. 法理型　　　D. 非正式
29. 韦伯认为(　　)形式在精确性、稳定性、纪律性和可靠性等方面优于其他组织形式。
    A. 传统型组织　　B. 个人魅力型组织　　C. 法理型组织　　D. 非正式组织
30. 韦伯将权力归纳为(　　)基本形态。
    A. 一种　　　　B. 两种　　　　C. 三种　　　　D. 四种

四、简答题

1. 描述古典管理理论的发展历程。

2. 弗雷德里克·泰勒为什么被称为"科学管理之父"?

3. 泰勒认为提高劳动生产率的三个主要原因是什么?

4. 简述泰勒的差别计件工资制。

5. 泰勒提出的职能工长制是什么？

6. 什么是例外管理原则？

7. 描述法约尔对"经营"和"管理"两个概念的区别，并说明它们之间的关系。

8. 法约尔提出的14条管理原则中，哪些原则对现代管理实践仍有重要意义？

9. 法约尔如何定义管理的五大要素？解释它们在管理活动中的作用。

10. 描述马克斯·韦伯所提出的"理想的科层组织体系"的基本特征。

11. 马克斯·韦伯将权力归纳为哪三种基本形态？简述每种形态的特点。

12. 为什么马克斯·韦伯认为法理型权力是理想的科层组织体系的基础？

13. 简述泰勒科学管理的基本思想。

14. 简述法约尔的一般管理理论的主要思想。

15. 简述韦伯的理想的科层组织体系。

五、案例分析题

1. 某制造企业近年来面临激烈的市场竞争,生产效率和产品质量均未达到预期目标。企业管理层意识到,传统的以经验为主的管理方式已不再适应当前的发展需求。为了提高生产效率和产品质量,企业决定引入科学管理理论的相关原则和方法。

请你分析该企业当前的管理状况,并提出基于泰勒的科学管理理论的改进措施。

2. 某中型制造企业近年来面临生产效率低下和员工流失率较高的问题。企业管理层意识到,传统的管理方式已不再适应当前的发展需求,需要引入新的管理理念和方法来改善现状。企业决定从法约尔的一般管理理论出发,重新审视和调整管理策略。

请你分析该企业当前的管理状况,并提出基于法约尔一般管理理论的改进措施。同时讨论:如何结合法约尔的管理原则,如何实现企业的长期稳定发展。

第六章 决策

第一节 决策概述

一、名词解释
1. 决策
2. 确定型决策
3. 风险型决策
4. 不确定型决策
5. 程序化决策

二、判断题
1. 管理决策仅指在几种行动方案中作出选择的行为。　　　　　　　　　　（　　）
   A. 正确　　　　　　　　　　　　　　B. 错误
2. 确定型决策是指决策环境条件稳定或在可控条件下进行的准确决策。　　（　　）
   A. 正确　　　　　　　　　　　　　　B. 错误
3. 风险型决策中,决策者不能预测每一备选方案的结果。　　　　　　　　（　　）
   A. 正确　　　　　　　　　　　　　　B. 错误
4. 不确定型决策是指在不稳定条件下进行的决策,面对不可预测的外部条件或缺少所需信息。　　　　　　　　　　　　　　　　　　　　　　　　　　　　　　（　　）
   A. 正确　　　　　　　　　　　　　　B. 错误
5. 程序化决策是处理那些不常发生的或例外的非结构化问题。　　　　　　（　　）
   A. 正确　　　　　　　　　　　　　　B. 错误
6. 非程序化决策旨在处理那些经常发生的、解决方法重复的问题。　　　　（　　）
   A. 正确　　　　　　　　　　　　　　B. 错误
7. 个体决策的优点是决策速度快、责任明确,缺点是容易因循守旧、先入为主。（　　）
   A. 正确　　　　　　　　　　　　　　B. 错误
8. 群体决策能够集中不同领域专家的智慧,但可能存在速度和效率低下的问题。（　　）
   A. 正确　　　　　　　　　　　　　　B. 错误
9. 理性决策模型假设管理者获得了作出最优化决策所需要的所有信息。　　（　　）
   A. 正确　　　　　　　　　　　　　　B. 错误
10. 行为决策模型认为管理决策是科学,而不是艺术。　　　　　　　　　　（　　）
    A. 正确　　　　　　　　　　　　　　B. 错误

三、单项选择题

1. 决策在管理活动中的作用是（　　）。
   A. 次要作用　　　　　　　　　　B. 辅助作用
   C. 重要作用　　　　　　　　　　D. 无作用
2. 狭义的决策是指（　　）。
   A. 一系列行动方案的制订　　　　B. 在几种行动方案中作出选择
   C. 单一方案的实施　　　　　　　D. 决策的执行过程
3. 广义的决策的内容（　　）。
   A. 仅包括选择方案　　　　　　　B. 仅包括分析和比较方案
   C. 包括做出最后选择之前的所有活动　D. 仅包括实施决策
4. 确定型决策的特点是（　　）。
   A. 环境不稳定，信息不可控　　　B. 环境稳定，信息可控
   C. 环境不稳定，信息不可控　　　D. 环境和信息都不确定
5. 风险型决策与不确定型决策的主要区别是（　　）。
   A. 风险型决策知道可能结果的概率，不确定型决策不知道
   B. 不确定型决策知道可能结果的概率，风险型决策不知道
   C. 两者都不知道可能结果的概率
   D. 两者都知道可能结果的概率
6. 非确定型决策的主要特点是（　　）。
   A. 决策环境稳定
   B. 决策者拥有充分信息
   C. 面对不可预测的外部条件或缺少所需信息
   D. 决策者可以准确预测结果
7. 程序化决策通常涉及（　　）。
   A. 非常发生的问题　　　　　　　B. 例外的非结构化问题
   C. 经常发生的问题　　　　　　　D. 单一的决策问题
8. 非程序化决策主要处理（　　）。
   A. 经常发生的问题　　　　　　　B. 例外的非结构化问题
   C. 简单的决策问题　　　　　　　D. 程序化决策问题
9. 个体决策的主要优点是（　　）。
   A. 决策速度慢　　　　　　　　　B. 责任不明确
   C. 决策速度快、责任明确　　　　D. 容易受个人偏好影响
10. 群体决策的主要缺点是（　　）。
    A. 决策速度快　　　　　　　　　B. 责任明确
    C. 速度、效率可能低下　　　　　D. 容易得到普遍认同
11. 决策过程的首要步骤是（　　）。
    A. 确定目标　　B. 识别问题　　C. 制订备选方案　　D. 实施和监督

12. 在决策过程中,确定目标步骤主要涉及的是( )。
    A. 分析问题的原因　　　　　　　　　B. 明确决策过程所期待达成的预期结果
    C. 制订备选方案　　　　　　　　　　D. 评估和选择方案
13. 理性决策模型的基本观点是( )。
    A. 管理者能够想到所有备选方案及其结果,并作出最佳选择
    B. 管理者无法获得所有必要的信息
    C. 管理者依赖直觉和判断做出决策
    D. 决策总是一个具有内在不确定性和充满风险的过程
14. 行为决策模型的重要基础是( )。
    A. 有限理性、信息不充分和满意
    B. 完全理性、信息充分和最优化
    C. 完全理性、信息不充分和最优化
    D. 有限理性、信息充分和满意
15. 行为决策模型认为管理决策是艺术而不是科学,这是因为( )。
    A. 管理者总是能够获得所有必要的信息
    B. 管理者依赖直觉和判断做出决策
    C. 决策过程中存在许多不确定性和模糊性
    D. 决策总是能够实现最优化

四、简答题

1. 解释确定型决策、风险型决策和不确定型决策的区别。

2. 程序化决策和非程序化决策的主要区别是什么?

3. 描述理性决策模型和行为决策模型的基本观点。

4. 简述决策的制定过程。

五、案例分析题

某科技公司面临一个关键决策：是否要推出一款新的智能手机应用？市场调研显示，该应用有可能成为市场上的热门产品，但也存在失败的风险。公司管理层需要评估这个项目的可行性，并决定是否投资开发。考虑到项目的不确定性，管理层需要综合考虑市场趋势、技术可行性、竞争对手的动态以及公司的财务状况。

请你根据管理决策的概述，分析该公司在决策过程中应遵循的步骤，并提出建议。

第二节　组织环境

一、名词解释

1. 组织外部环境
2. 一般或宏观环境
3. 具体或微观环境
4. 组织内部环境
5. PEST 分析法
6. 波特五力分析模型

二、判断题

1. 组织的生存和发展与其所处的环境无关。　　　　　　　　　　　　　　（　　）
   A. 正确　　　　　　　　　　B. 错误
2. 组织的外部环境只包括具体或微观环境。　　　　　　　　　　　　　　（　　）
   A. 正确　　　　　　　　　　B. 错误
3. 经济环境因素只包括国内外的经济形势。　　　　　　　　　　　　　　（　　）
   A. 正确　　　　　　　　　　B. 错误
4. 技术环境仅指生产技术。　　　　　　　　　　　　　　　　　　　　　（　　）
   A. 正确　　　　　　　　　　B. 错误
5. 社会环境不包括宗教信仰。　　　　　　　　　　　　　　　　　　　　（　　）
   A. 正确　　　　　　　　　　B. 错误
6. 政治/法律环境因素是较稳定的。　　　　　　　　　　　　　　　　　（　　）
   A. 正确　　　　　　　　　　B. 错误
7. 供应商对企业产品和服务的质量及成本水平没有影响。　　　　　　　　（　　）
   A. 正确　　　　　　　　　　B. 错误

8. 竞争对手只包括与本企业竞争资源的其他组织。 （   ）
    A. 正确　　　　　　　　　　　　　B. 错误
10. 波特五力分析模型只适用于企业,不适用于其他类型的组织。 （   ）
    A. 正确　　　　　　　　　　　　　B. 错误
11. PEST 分析法不包括社会与文化环境。 （   ）
    A. 正确　　　　　　　　　　　　　B. 错误
12. SWOT 分析法中的"S"代表的是劣势。 （   ）
    A. 正确　　　　　　　　　　　　　B. 错误
13. 组织内部环境只包括物质环境。 （   ）
    A. 正确　　　　　　　　　　　　　B. 错误
14. 人力资源环境不属于组织内部的物质环境。 （   ）
    A. 正确　　　　　　　　　　　　　B. 错误
15. 组织文化环境对组织的绩效没有影响。 （   ）
    A. 正确　　　　　　　　　　　　　B. 错误
16. SWOT 分析法不能形成多种行动方案供人们选择。 （   ）
    A. 正确　　　　　　　　　　　　　B. 错误

三、单项选择题

1. 组织环境对组织的影响是（   ）。
    A. 无关紧要的　　B. 间接和微小的　　C. 直接和明显的　　D. 潜在和重要的
2. 一般环境和具体环境的区别在于（   ）。
    A. 一般环境更直接
    B. 具体环境更广泛
    C. 一般环境更微观
    D. 一般环境的影响需要分析后才能了解
3. 以下不属于一般或宏观环境因素的是（   ）。
    A. 经济环境　　　B. 技术环境　　　C. 组织文化　　　D. 政治/法律环境
4. 技术环境的内容包括（   ）。
    A. 生产技术和管理技术　　　　　　B. 服务技术
    C. 生活技术　　　　　　　　　　　D. 所有上述内容
5. 以下是具体或微观环境因素的是（   ）。
    A. 国内外经济形势　B. 供应商　　C. 社会风俗习惯　　D. 国家法律和法令
6. 组织内部环境包括（   ）。
    A. 物质环境和文化环境　　　　　　B. 技术环境
    C. 社会文化环境　　　　　　　　　D. 竞争环境
7. PEST 分析法中的"S"代表（   ）。
    A. 社会与文化环境　　　　　　　　B. 科学技术
    C. 经济环境　　　　　　　　　　　D. 政治与法律环境

50

8. 波特五力分析模型中不包括( )。
   A. 潜在进入者　　　B. 供应商　　　　C. 政府政策　　　　D. 替代产品
9. 以下是 SWOT 分析法中内容的是( )。
   A. 优势和劣势　　　B. 机会　　　　　C. 威胁　　　　　　D. 所有上述内容
10. 以下不是波特五力分析模型中力量的是( )。
    A. 供应商的议价能力　　　　　　　B. 顾客的议价能力
    C. 政府的监管能力　　　　　　　　D. 行业内的竞争者
11. 组织内部的物质环境包括( )。
    A. 人力资源环境　　B. 物力资源环境　C. 财力资源环境　　D. 所有上述内容
12. 以下不是组织外部环境影响因素的是( )。
    A. 社会文化环境　　　　　　　　　B. 组织文化环境
    C. 经济环境　　　　　　　　　　　D. 政治/法律环境
13. 以下是 PEST 分析法中经济环境主要内容的是( )。
    A. 增长率、政府收支、外贸收支及汇率
    B. 公民的环保意识、消费文化
    C. 新技术、新设备、新工艺
    D. 政治制度、政治形势
14. 以下是波特五力分析模型中内容的是( )。
    A. 潜在进入者的威胁　　　　　　　B. 供应商的议价能力
    C. 替代产品的威胁　　　　　　　　D. 所有上述内容
15. SWOT 分析法中的优势(S)和劣势(W)分别指( )。
    A. 外部环境的机会和威胁　　　　　B. 内部环境的机会和威胁
    C. 内部环境的优势和劣势　　　　　D. 外部环境的优势和劣势

四、简答题

1. 简述组织外部环境的两个主要部分,并解释它们对组织的影响。

2. 描述 PEST 分析法,并说明其在组织环境分析中的应用。

3. 波特五力分析模型包括哪些力量？它们如何影响组织？

4. SWOT 分析法中的四个要素是什么？它们如何帮助组织制定策略？

5. 组织内部环境包括哪些方面？它们如何影响组织的日常运营和发展？

6. 如何理解组织环境对组织绩效的潜在影响？

五、案例分析题

假设你是一家新能源汽车制造公司的管理者。随着全球对环保和可持续发展的重视，新能源汽车行业迎来了快速发展的机遇。然而，这个行业也面临着激烈的竞争和不断变化的外部环境。以下是你公司当前面临的一些情况：

(1) 政府近期推出了一系列支持新能源汽车发展的政策，包括补贴和税收优惠。

(2) 技术进步使得电池成本降低，续航里程增加，但同时也有新的竞争对手进入市场。

(3) 消费者对新能源汽车的接受度逐渐提高，但对价格和性能仍有较高要求。

(4) 原材料价格波动对生产成本造成影响，供应链稳定性成为关注焦点。

(5) 公司内部研发团队实力强大，拥有多项专利技术，但同时也面临着人才流失的风险。

请使用 PEST 分析法、波特五力分析模型和 SWOT 分析法对上述情况进行分析，并提出相应的战略建议。

第三节　计　划

一、名词解释

1. 计划（planning）
2. 计划（plans）
3. 战略计划
4. 战术计划
5. 综合计划

二、判断题

1. 计划是指组织在未来一段时间内的目标和实现目标途径的策划与安排。（　　）
　　A. 正确　　　　　　　　　　　　B. 错误
2. 计划（planning）作为动词时，仅指对组织目标的分析和制定。（　　）
　　A. 正确　　　　　　　　　　　　B. 错误
3. 计划是管理者实施控制的唯一标准。（　　）
　　A. 正确　　　　　　　　　　　　B. 错误
4. 计划不能降低未来不确定性带来的风险。（　　）
　　A. 正确　　　　　　　　　　　　B. 错误
5. 综合平衡工作不能提高组织的工作效率。（　　）
　　A. 正确　　　　　　　　　　　　B. 错误
6. 计划中的目标对人员士气没有激励作用。（　　）
　　A. 正确　　　　　　　　　　　　B. 错误
7. 战略计划、战术计划和作业计划是根据计划的影响程度和时间长短来区分的。（　　）
　　A. 正确　　　　　　　　　　　　B. 错误
8. 长期计划、中期计划和短期计划是根据计划的具体性和方向性来划分的。（　　）
　　A. 正确　　　　　　　　　　　　B. 错误
9. 综合计划、专业计划和项目计划是根据计划涉及活动的内容来分类的。（　　）
　　A. 正确　　　　　　　　　　　　B. 错误
10. 作业计划是具有个体性、可重复性和较大弹性的计划。（　　）
　　A. 正确　　　　　　　　　　　　B. 错误
11. 战略计划由中层管理人员负责，战术和作业计划由高层管理人员负责。（　　）
　　A. 正确　　　　　　　　　　　　B. 错误
12. 综合平衡法仅涉及组织内部的平衡，不涉及组织外部环境的变化。（　　）
　　A. 正确　　　　　　　　　　　　B. 错误

三、单项选择题

1. 计划的主要作用不包括（　　）。
　　A. 作为管理者进行指挥的抓手　　　　B. 作为管理者实施控制的标准
　　C. 作为降低未来不确定性的手段　　　D. 作为提高组织利润的唯一方法
2. 以下不是计划降低未来不确定性手段的是（　　）。
　　A. 对各种变化进行合理预期　　　　　B. 预测各种变化对组织带来的影响
　　C. 制订符合未来发展变化的计划　　　D. 忽略外部环境的变化
3. 计划综合平衡工作的主要目的不包括（　　）。
　　A. 实现工作负荷与资源占有的均衡　　B. 消除无效活动
　　C. 提高组织工作效率　　　　　　　　D. 减少组织内部的竞争
4. 计划不具有的作用是（　　）。
　　A. 激励人员士气　　　　　　　　　　B. 作为行动指南

C. 增加组织内部冲突　　　　　　　　　D. 提高工作效率

5. 战略计划的特点不包括（　　）。
   A. 时间跨度长　　　　　　　　　　　B. 内容抽象、概括
   C. 高度的可操作性　　　　　　　　　D. 前提条件多是不确定的

6. 战术计划与战略计划的主要区别在于（　　）。
   A. 战术计划涉及的时间跨度更长　　　B. 战术计划涉及的范围更广
   C. 战术计划的内容更具体、明确　　　D. 战术计划的风险程度更高

7. 作业计划通常具有的特性是（　　）。
   A. 灵活性　　　　　　　　　　　　　B. 个体性、可重复性
   C. 广泛性　　　　　　　　　　　　　D. 长期性

8. 战略计划通常由（　　）负责。
   A. 高层管理人员　　　　　　　　　　B. 中层管理人员
   C. 基层管理人员　　　　　　　　　　D. 具体作业人员

9. 长期计划、中期计划和短期计划的划分依据是（　　）。
   A. 计划的具体性和方向性　　　　　　B. 计划的详细程度
   C. 计划跨越的时间间隔长短　　　　　D. 计划的实施难度

10. 综合计划、专业计划和项目计划的分类依据是（　　）。
    A. 计划的详细程度　　　　　　　　　B. 计划的实施时间
    C. 计划涉及活动的内容　　　　　　　D. 计划的执行人员

11. 综合平衡法的主要目的不包括（　　）。
    A. 协调平衡企业内部的各种计划
    B. 挖掘企业在人力、物力、财力等方面的潜力
    C. 保证计划的顺利实现
    D. 增加企业的生产成本

12. 企业将一年及以内的计划称为（　　）。
    A. 长期计划　　　　　　　　　　　　B. 中期计划
    C. 短期计划　　　　　　　　　　　　D. 项目计划

13. 项目计划通常是组织针对（　　）所制订的计划。
    A. 组织内部的总体活动
    B. 组织内部的某个方面或某些方面的活动
    C. 某个特定课题
    D. 组织的长远目标与发展方向

四、简答题

1. 如何理解计划是管理者进行指挥的抓手？

2. 如何理解计划是管理者实施控制的标准？

3. 如何理解计划是降低未来不确定性的手段？

4. 如何理解计划是激励人员士气的依据？

5. 简述计划的作用。

五、案例分析题

某科技公司在新兴市场中快速扩张，公司高层制定了一个宏伟的五年增长战略计划。这个战略计划包括了新产品的研发、市场扩张、合作伙伴关系的建立以及内部运营流程的优化。为了实现这一战略计划，公司需要在不同部门和地区之间分配资源，确保每个部门和地区的活动都能协同工作以达成公司的整体目标。

请你：

(1)描述该公司的战略计划应如何转化为战术计划和作业计划，并解释这种转化的重要性。

(2)讨论计划在降低未来不确定性中的作用，并给出一个具体的例子说明该公司如何利用计划来应对市场变化。

(3)分析计划为何能够激励员工士气，并探讨"终末激发"效应在实际工作中的应用。

(4)从长期、中期和短期计划的角度，评估该公司战略计划的实施可能面临的挑战。

(5)讨论综合计划、专业计划和项目计划在该公司战略实施中的作用，并解释它们如何相互衔接。

第四节　目标管理

一、名词解释
1. 目标管理
2. 参与管理
3. 自我控制
4. 系统的目标体系

二、判断题
1. 目标管理（MBO）是由彼得·德鲁克在《管理的实践》一书中提出的。　　（　　）
   A. 正确　　　　　　　　　　　　　　B. 错误
2. 目标管理的核心是让员工从"要我做"变成"我要做"。　　（　　）
   A. 正确　　　　　　　　　　　　　　B. 错误
3. 目标管理不要求员工参与目标的制定。　　（　　）
   A. 正确　　　　　　　　　　　　　　B. 错误
4. 目标管理强调的是工作行为本身而不是工作成果。　　（　　）
   A. 正确　　　　　　　　　　　　　　B. 错误
5. 目标管理中，下属可以根据明确的目标进行自我控制和自我评价。　　（　　）
   A. 正确　　　　　　　　　　　　　　B. 错误
6. 目标管理建立了一个系统的目标体系，将组织目标和个人目标整合。　　（　　）
   A. 正确　　　　　　　　　　　　　　B. 错误
7. 在目标管理的实施过程中，上级对下级实现目标的方式不做任何规定。　　（　　）
   A. 正确　　　　　　　　　　　　　　B. 错误
8. 目标管理只适用于短期目标的设定。　　（　　）
   A. 正确　　　　　　　　　　　　　　B. 错误
9. 在目标管理的实施过程中，成果评价阶段不需要总结经验教训。　　（　　）
   A. 正确　　　　　　　　　　　　　　B. 错误
10. 目标管理可以完全解决管理者和员工在完成目标的方法细节上的争执。　　（　　）
    A. 正确　　　　　　　　　　　　　　B. 错误
11. 在目标管理的实施过程中，一旦目标设定，就不应该进行任何调整。　　（　　）
    A. 正确　　　　　　　　　　　　　　B. 错误
12. 目标管理不会导致员工对工作的满意程度提高。　　（　　）
    A. 正确　　　　　　　　　　　　　　B. 错误

三、单项选择题
1. 提出目标管理（MBO）的管理学家是（　　）。
   A. 弗雷德里克·泰勒　　　　　　　　B. 马克斯·韦伯

C. 彼得·德鲁克 D. 亨利·法约尔
2. 目标管理的核心理念是将"要我做"转变为"我要做",这体现了目标管理的( )。
   A. 重视工作成果 B. 实行参与管理
   C. 强调自我控制 D. 建立系统的目标体系
3. 在目标管理中,以下不是目标管理特征的是( )。
   A. 重视工作成果 B. 强调统一的工作方法
   C. 强调自我控制 D. 建立系统的目标体系
4. 在目标管理中,组织成员可以根据明确的目标进行自我控制,这体现了目标管理的( )阶段。
   A. 目标制定与展开 B. 目标实施 C. 成果评价 D. 目标调整
5. 在目标管理的实施过程中,是上下协调,制定好各级组织的目标的阶段是( )。
   A. 目标制定与展开 B. 目标实施 C. 成果评价 D. 目标调整
6. 在目标管理中,以下不是目标管理优点的是( )。
   A. 提高员工的工作满意度 B. 明确行动目标
   C. 减少上下级之间的沟通 D. 提供自主工作和创新的组织氛围
7. 目标管理的局限性之一是容易导致管理者强调短期目标,这不利于( )的完成。
   A. 短期目标 B. 长期目标 C. 个人目标 D. 组织目标
8. 在目标管理的实施过程中,如果目标一旦确定,以下正确的是( )。
   A. 目标可以随意改变 B. 目标改变非常困难
   C. 目标不需要与奖惩挂钩 D. 目标的调整不受员工情绪影响
9. 在目标管理中,( )阶段是根据目标评价完成的成果,并进行奖惩。
   A. 目标制定与展开 B. 目标实施 C. 成果评价 D. 目标调整
10. 在目标管理的实施过程中,( )阶段强调了管理者对下属的咨询指导。
    A. 目标制定与展开 B. 目标实施 C. 成果评价 D. 目标调整
11. 在目标管理中,( )特征强调了下属的自我管理。
    A. 实行参与管理 B. 重视工作成果
    C. 强调自我控制 D. 建立系统的目标体系
12. 在目标管理中,( )特征是通过发动群众自下而上、自上而下地制定各岗位、各部门的目标。
    A. 实行参与管理 B. 重视工作成果
    C. 强调自我控制 D. 建立系统的目标体系

四、简答题

1. 目标管理(MBO)的核心理念是什么?

2. 目标管理的特征包括哪些?

3. 目标管理的实施过程包括哪些阶段?

4. 如何理解目标管理中"重视工作成果而不是工作行为本身"这一特征?

5. 目标管理的优点有哪些?

6. 目标管理存在哪些局限性?

五、案例分析

　　某科技公司在引入目标管理(MBO)后,希望提高研发部门的工作效率和创新能力。公司决定让研发团队参与目标的制定,并在工作中实行自我控制。公司高层设定了年度目标,然后通过上下协商的方式,将目标分解到各个团队和个人。
　　请你:
　　(1)分析该公司实施目标管理可能面临的挑战。
　　(2)讨论如何确保目标管理在该公司的有效实施。
　　(3)评价目标管理对员工积极性和组织目标实现的影响。

第七章 组织

第一节 组织设计

一、名词解释
1. 组织设计
2. 管理幅度
3. 目标一致原则
4. 分工与协作原则
5. 权责对等原则
6. 柔性经济原则

二、判断题
1. 组织设计仅涉及组织内部的结构安排,与外部环境无关。( )
   A. 正确   B. 错误
2. 组织设计的任务包括设计清晰的组织结构和规划各部门的职能和权限。( )
   A. 正确   B. 错误
3. 组织结构设计仅包括职能设计和部门设计,不涉及层级设计。( )
   A. 正确   B. 错误
4. 当环境的不确定性增加时,组织应减少信息共享和权力下放,以提高运行效率。( )
   A. 正确   B. 错误
5. 技术变化不会影响人与人之间的沟通与协作。( )
   A. 正确   B. 错误
6. 组织规模越大,其组织结构的规范性就越低。( )
   A. 正确   B. 错误
7. 组织发展阶段与组织设计无关,组织可以在任何阶段采用相同的组织结构。( )
   A. 正确   B. 错误
8. 目标一致原则要求组织的所有活动都应与组织的整体目标保持一致。( )
   A. 正确   B. 错误
9. 分工与协作原则强调在专业分工的基础上实现部门间、人员间的协作与配合。( )
   A. 正确   B. 错误
10. 有效管理幅度原则认为管理幅度越大,管理效率越高。( )
    A. 正确   B. 错误

11. 权责对等原则意味着每个职位的管理者拥有相应权力,但不需要承担相应责任。（   ）
    A. 正确   B. 错误
12. 柔性经济原则要求组织设计保持一定的灵活性,以适应内外环境的变化。（   ）
    A. 正确   B. 错误

三、单项选择题

1. 组织设计的主要目的是（   ）。
    A. 提高员工满意度   B. 实现组织目标   C. 降低成本   D. 增加市场份额
2. 组织设计的内容不包括（   ）。
    A. 职能设计   B. 部门设计   C. 层级设计   D. 员工培训设计
3. 在组织设计中,组织运行制度设计的内容不包括（   ）。
    A. 沟通系统设计   B. 管理规范设计   C. 激励设计   D. 产品开发设计
4. 一般环境对组织的影响是间接的,以下属于一般环境的是（   ）。
    A. 政府政策   B. 供应商
    C. 政治、经济、社会和文化环境   D. 竞争对手
5. 任务环境对组织的影响是直接的,以下属于任务环境的是（   ）。
    A. 政治环境   B. 经济环境   C. 供应商和客户   D. 社会文化环境
6. 组织结构需要根据（   ）的变化及时进行调整。
    A. 技术   B. 规模   C. 战略   D. 发展阶段
7. 钱德勒认为战略发展的（   ）需要组织建立职能部门对分布在不同地区的业务进行有机整合。
    A. 数量扩大阶段   B. 地区开拓阶段
    C. 纵向联合开拓阶段   D. 产品多样化阶段
8. 技术变化会影响（   ）。
    A. 生产工艺和流程   B. 员工满意度
    C. 组织文化   D. 组织结构
9. 以下不是组织设计的原则的是（   ）。
    A. 目标一致原则   B. 分工与协作原则
    C. 有效管理幅度原则   D. 创新原则
10. 权责对等原则要求管理者拥有开展工作所需的相应权力,同时承担相应责任,以下不是权责对等原则内容的是（   ）。
    A. 职位与权力存在明确的对应关系   B. 管理者拥有相应权力
    C. 管理者承担相应责任   D. 增加组织的利润
11. 在组织发展阶段中,（   ）组织成长的动力在于授权。
    A. 生成阶段   B. 成长阶段   C. 成熟阶段   D. 衰退阶段
12. 在组织设计中,（   ）要求在维护组织稳定的同时保持一定的弹性。
    A. 目标一致原则   B. 柔性经济原则
    C. 有效管理幅度原则   D. 权责对等原则

13. 在组织设计中,( )强调在专业分工的基础上实现部门间、人员间的协作与配合。
   A. 目标一致原则　　　　　　　　B. 分工与协作原则
   C. 有效管理幅度原则　　　　　　D. 权责对等原则
14. 以下不是组织设计的影响因素的是( )。
   A. 环境　　　　B. 战略　　　　C. 技术　　　　D. 员工满意度

四、简答题

1. 组织设计的主要目的是什么?

2. 组织设计的任务包括哪些内容?

3. 组织设计的影响因素有哪些?

4. 环境对组织设计的影响体现在哪些方面?

5. 组织设计的原则有哪些?

6. 组织发展的不同阶段对组织设计有何影响?

五、案例背景

一家初创科技公司在经历了快速发展后,发现自己的组织结构不再适应当前的业务需求和市场环境。公司的创始人意识到需要进行组织结构的调整,以提高决策效率和响应市场变化的能力。目前,公司的组织结构较为集权,所有决策都集中在创始人手中,导致决策过程缓慢,员工的积极性和创新能力受到限制。公司面临的挑战包括如何合理分配职权、如何调整组织结构以适应技术发展和市场变化,以及如何平衡集权与分权以提高整体效率。

请你:

(1)根据组织设计的原则,该公司在调整组织结构时应该考虑哪些因素?

(2)针对公司当前的组织结构问题,提出一个合适的组织设计方案,并解释其如何帮助公司提高效率和响应市场变化。

(3)结合组织设计的影响因素,分析公司在不同发展阶段可能需要哪些不同的组织结构。

第二节 组织结构

一、名词解释

1. 组织结构
2. 直线制组织结构
3. 直线职能制组织结构
4. 事业部制组织结构
5. 矩阵制组织结构

二、判断题

1. 组织结构仅指组织内部的层级体系。　　　　　　　　　　　　　　　　(　　)

    A. 正确　　　　　　　　　　　　　　B. 错误

2. 组织结构图可以表示组织结构中各部门之间的相互关系。　　　　　　　(　　)

    A. 正确　　　　　　　　　　　　　　B. 错误

3. 直线制组织结构中，下级部门可以接受多个上级的指令。（   ）
   A．正确　　　　　　　　　　　　　B．错误
4. 直线职能制组织结构在直线制组织统一指挥的原则下，增加了参谋机构从事专业管理。
   　　　　　　　　　　　　　　　　　　　　　　　　　　　　　　　（   ）
   A．正确　　　　　　　　　　　　　B．错误
5. 事业部制组织结构适用于规模较小、产品种类不多的企业。（   ）
   A．正确　　　　　　　　　　　　　B．错误
6. 矩阵制组织结构中的项目小组是永久性的组织。（   ）
   A．正确　　　　　　　　　　　　　B．错误
7. 直线制组织结构的优点之一是专业化水平高。（   ）
   A．正确　　　　　　　　　　　　　B．错误
8. 直线职能制组织结构能够有效减轻管理者负担。（   ）
   A．正确　　　　　　　　　　　　　B．错误
9. 事业部制组织结构有利于提高组织对环境的适应能力。（   ）
   A．正确　　　　　　　　　　　　　B．错误
10. 矩阵制组织结构的沟通通常不够顺畅。（   ）
    A．正确　　　　　　　　　　　　　B．错误
11. 直线职能制组织结构适用于内外部环境比较稳定的中小型企业。（   ）
    A．正确　　　　　　　　　　　　　B．错误
12. 事业部制组织结构容易滋生本位主义。（   ）
    A．正确　　　　　　　　　　　　　B．错误

三、单项选择题
1. 直线制组织结构的特点是（   ）。
   A．有多个上级领导　　　　　　　　B．缺乏横向沟通
   C．专业化水平高　　　　　　　　　D．权责关系不明确
2. 直线职能制组织结构的优点不包括（   ）。
   A．统一指挥与专业化管理相结合　　B．减轻管理者负担
   C．增加管理成本
3. 事业部制组织结构适用于（   ）。
   A．规模较小的企业　　　　　　　　B．多元化大企业
   C．产品种类单一的企业　　　　　　D．初创期的组织
4. 矩阵制组织结构的特点是（   ）。
   A．只有垂直领导系统　　　　　　　B．只有横向领导关系
   C．既有垂直领导系统又有横向领导关系　D．项目组人员永久性存在
5. 直线制组织结构的优点不包括（   ）。
   A．设置简单　　　　　　　　　　　B．权责关系明确
   C．专业化水平高　　　　　　　　　D．有利于组织的有序运行

6. 直线职能制组织结构的缺点不包括（　　）。
   A. 协调难度加大　　　B. 增加管理成本　　　C. 提高决策效率　　　D. 损害下属的自主性
7. 事业部制组织结构的优点不包括（　　）。
   A. 有利于管理者专注于战略规划与决策　　B. 培养通才
   C. 降低管理成本　　　　　　　　　　　　D. 提高组织对环境的适应能力
8. 矩阵制组织结构的优点不包括（　　）。
   A. 机动性强　　　　　　　　　　　　　　B. 权责对等
   C. 通过异质组合实现创新　　　　　　　　D. 沟通顺畅
9. 直线制组织结构适用于（　　）。
   A. 规模较大、技术复杂的组织　　　　　　B. 规模较小、技术简单的组织
   C. 多元化大企业　　　　　　　　　　　　D. 需要多个部门密切配合的项目
10. 矩阵制组织结构适用于（　　）。
    A. 规模不大、产品种类不多的企业　　　　B. 多元化大企业
    C. 需要多个部门密切配合的项目　　　　　D. 初创期的组织

四、简答题
1. 简述组织结构的定义及其设计的目的。

2. 描述直线制组织结构的特点、优点和缺点。

3. 直线职能制组织结构与直线制组织结构的主要区别是什么？

4. 事业部制组织结构的优点和缺点分别是什么？

5. 矩阵制组织结构的特点和适用范围是什么？

五、案例分析题

某中型企业主要从事电子产品的研发和销售,产品线较为单一,内部环境相对稳定。随着市场的发展,该企业计划扩展业务范围,涉足智能家电领域,并计划在不同地区设立分支机构以更好地服务当地市场。企业目前采用的是直线职能制组织结构,但随着业务的扩展,管理层发现在新产品开发和地区市场适应性方面存在一定的挑战。

考虑到企业的当前状况和未来发展计划,请分析该企业是否需要调整其组织结构?如果需要,建议采取哪种组织结构,并解释原因。

第三节　非正式组织

一、名词解释

非正式组织

二、判断题

1. 非正式组织是正式组织内部的一个组成部分,其目标与正式组织的目标完全一致。　　　　　　　　　　　　　　　　　　　　　　　　　　　　(　　)

　　A. 正确　　　　　　　　　　　　B. 错误

2. 非正式组织的存在对正式组织来说只有消极影响。　　　　　　(　　)

　　A. 正确　　　　　　　　　　　　B. 错误

3. 非正式组织可以满足组织成员的需要,促进组织内部沟通,增加组织成员间的默契,增强凝聚力。　　　　　　　　　　　　　　　　　　　　(　　)

　　A. 正确　　　　　　　　　　　　B. 错误

4. 非正式组织总是与正式组织的目标发生冲突,导致组织目标无法实现。(　　)

　　A. 正确　　　　　　　　　　　　B. 错误

5. 非正式组织对正式组织的消极影响之一是小道消息和流言影响组织沟通。(　　)

　　A. 正确　　　　　　　　　　　　B. 错误

6. 管理者可以通过提高组织成员在决策中的参与性来避免非正式组织与正式组织目标的冲突。　　　　　　　　　　　　　　　　　　　　　　　　(　　)

　　A. 正确　　　　　　　　　　　　B. 错误

7. 非正式组织的存在是完全可以消除的,因为它只会产生消极影响。(　　)

　　A. 正确　　　　　　　　　　　　B. 错误

8. 鼓励各级管理者参与非正式组织的活动有助于树立权威,减少非正式组织的消极影响。　　　　　　　　　　　　　　　　　　　　　　　　　　(　　)

　　A. 正确　　　　　　　　　　　　B. 错误

三、单项选择题

1. 非正式组织是指（　　）。
   A. 正式组织内部的一个部门
   B. 以人际关系和谐为导向的个体组成的集合体
   C. 受正式的规章制度约束的组织
   D. 以追求利润最大化为目标的组织

2. 非正式组织的存在对正式组织的影响是（　　）。
   A. 只有积极的一面
   B. 只有消极的一面
   C. 既有积极的一面，也有消极的一面
   D. 没有影响

3. 非正式组织的积极作用不包括（　　）。
   A. 满足组织成员的需要
   B. 促进组织内部沟通
   C. 增加组织成员间的默契
   D. 破坏组织活动的有序开展

4. 非正式组织的消极影响不包括（　　）。
   A. 与正式组织目标的冲突
   B. 小道消息、流言影响组织沟通
   C. 对成员吸引力过大影响工作投入
   D. 提高正式组织中领导的权威

5. 管理非正式组织的消极作用的方法不包括（　　）。
   A. 提高组织成员在决策中的参与性
   B. 加强沟通与信息共享
   C. 关心成员的工作、生活状况
   D. 忽视非正式组织的存在

6. 非正式组织与正式组织整合的路径不包括（　　）。
   A. 发挥非正式组织的积极作用
   B. 减少非正式组织的消极影响
   C. 营造有利于整合的组织文化环境
   D. 完全消除非正式组织

7. 非正式组织的存在是（　　）。
   A. 完全可以消除的
   B. 具有客观性和必然性的
   C. 完全不必要的
   D. 与正式组织完全无关的

8. 非正式组织的行为逻辑是（　　）。
   A. 理性的
   B. 非理性的
   C. 完全随机的
   D. 受正式规章制度约束的

9. 非正式组织对正式组织的积极作用之一是（　　）。
   A. 增加组织成员间的矛盾
   B. 破坏组织内部沟通
   C. 增强组织成员间的凝聚力
   D. 减少组织成员的需要

10. 管理非正式组织的消极作用的方法之一是（　　）。
    A. 鼓励各级管理者参与非正式组织的活动
    B. 禁止非正式组织的活动
    C. 忽视非正式组织的影响
    D. 减少管理者与非正式组织的接触

四、简答题

1. 简述非正式组织的含义及其特点。

2. 描述非正式组织与正式组织整合的必要性及其路径。

3. 列举非正式组织的积极作用。

4. 说明如何管理非正式组织的消极作用。

5. 简述非正式组织的消极影响。

五、案例分析题

某科技公司在快速发展中遇到了内部沟通不畅和员工士气低落的问题。公司内部存在多个非正式组织,它们在一定程度上满足了员工的社交需求,但也导致了小道消息的传播和工作投入的减少。管理层意识到需要更好地整合非正式组织的力量,以提高组织效率和员工满意度。

请分析如何利用非正式组织的特性来改善公司当前的沟通问题,提升员工士气,并提出具体的整合策略。

第四节　层级整合

一、名词解释

1. 管理幅度
2. 层级整合
3. 集权
4. 分权

二、判断题

1. 层级整合只涉及管理幅度设计,不包括有效集权与分权。　　　　　　（　　）
   A. 正确　　　　　　　　　　　　B. 错误
2. 管理幅度越宽,组织效率一定越高。　　　　　　　　　　　　　　　（　　）
   A. 正确　　　　　　　　　　　　B. 错误
3. 当组织规模一定时,管理幅度宽的组织比管理幅度窄的组织在管理层次上一定更少。（　　）
   A. 正确　　　　　　　　　　　　B. 错误
4. 管理幅度的设计不受工作能力的影响。　　　　　　　　　　　　　（　　）
   A. 正确　　　　　　　　　　　　B. 错误
5. 高层级的管理幅度应该比基层组织的管理幅度大。　　　　　　　　（　　）
   A. 正确　　　　　　　　　　　　B. 错误
6. 计划的完善程度越高,有效管理幅度越小。　　　　　　　　　　　（　　）
   A. 正确　　　　　　　　　　　　B. 错误
7. 管理工作的辅助体系发达程度不影响有效管理幅度。　　　　　　　（　　）
   A. 正确　　　　　　　　　　　　B. 错误
8. 集权是指决策权分散在组织各部门的权力系统。　　　　　　　　　（　　）
   A. 正确　　　　　　　　　　　　B. 错误
9. 组织规模越大,越应该采取集权的方式进行层级整合。　　　　　　（　　）
   A. 正确　　　　　　　　　　　　B. 错误
10. 如果组织内部结构相似、政策统一,则可以采取分权的方式进行层级整合。（　　）
    A. 正确　　　　　　　　　　　　B. 错误
11. 成员的自我管理能力越强,越适合分权。　　　　　　　　　　　　（　　）
    A. 正确　　　　　　　　　　　　B. 错误
12. 组织在成熟阶段需要提高分权程度。　　　　　　　　　　　　　　（　　）
    A. 正确　　　　　　　　　　　　B. 错误

三、单项选择题

1. 层级整合不包括(　　　)。
   A. 管理幅度设计　　　B. 有效集权与分权　　　C. 员工培训计划

2. 管理幅度指的是（　　）。
   A. 受一个管理人员直接有效指挥的下属人员的数量
   B. 组织中所有员工的总数
   C. 组织中的管理层级数量
   D. 组织中的非管理人员数量
3. 在组织规模一定的情况下，管理幅度与管理层级的关系是（　　）。
   A. 正比例关系　　　　　　　　　　　B. 无关
   C. 反比例关系　　　　　　　　　　　D. 有时是正比例关系，有时是反比例关系
4. 管理幅度设计的影响因素不包括（　　）。
   A. 工作能力　　　　　　　　　　　　B. 工作内容和性质
   C. 工作条件与环境　　　　　　　　　D. 员工的薪水水平
5. 高层级的管理幅度应该（　　）。
   A. 比基层组织的管理幅度大　　　　　B. 比基层组织的管理幅度小
   C. 与基层组织的管理幅度相同　　　　D. 根据具体情况而定
6. 计划的完善程度越高，有效管理幅度会（　　）。
   A. 增大　　　B. 减小　　　C. 保持不变　　　D. 先增大后减小
7. 管理工作的辅助体系发达程度和信息化程度不影响有效管理幅度，这个说法是（　　）。
   A. 正确的　　　　　　　　　　　　　B. 错误的
   C. 有时正确　　　　　　　　　　　　D. 与管理工作无关
8. 集权是指（　　）。
   A. 决策权集中在组织高层的一种权力系统　B. 决策权分散在组织各部门的权力系统
   C. 组织中的管理层级数量　　　　　　D. 组织中的非管理人员数量
9. 分权式决策的趋势比较突出这与（　　）管理思想一致。
   A. 使组织更加灵活和主动地对环境变化作出反应
   B. 增加组织的成本
   C. 减少组织的灵活性
   D. 降低组织的决策速度
10. 影响分权程度的因素不包括（　　）。
    A. 组织规模　　　　　　　　　　　　B. 政策的统一性
    C. 成员的自我管理能力　　　　　　　D. 组织的地理位置
11. 组织规模越大，越应该采取（　　）方式进行层级整合。
    A. 集权　　　B. 分权　　　C. 保持不变　　　D. 交替使用
12. 如果组织内部结构相似、政策统一，则可以采取（　　）方式进行层级整合。
    A. 集权　　　B. 分权　　　C. 保持不变　　　D. 交替使用
13. 组织在成熟阶段应该采取（　　）的分权。
    A. 适度集权　　　　　　　　　　　　B. 提高分权程度
    C. 降低分权程度　　　　　　　　　　D. 保持不变

14. 当衰退不可避免、组织进入再生阶段时,应该采取(　　)的集权。
　　A. 适度集权　　　　B. 提高集权程度　　　C. 降低集权程度　　　D. 保持不变

四、简答题

1. 简述层级整合的含义。

2. 解释管理幅度的内涵及其对组织效率的影响。

3. 描述管理幅度与管理层级之间的关系。

4. 列举影响管理幅度设计的因素。

5. 解释集权与分权的内涵及它们之间的关系。

6. 描述影响分权程度的因素。

五、案例分析题

　　阳光公司是一家中型制造企业,拥有2000名员工。公司目前采用的管理幅度较窄,每个管理人员直接管理的下属不超过6人。这种结构导致了公司管理层级较多、沟通成本高、决策速度慢。随着市场竞争的加剧,公司高层意识到需要改革管理结构以提高效率和响应市场的能力。公司考虑两种改革方案:方案A是增加管理幅度,减少管理层级;方案B是保持现有的管理幅度,通过技术手段提高沟通效率。
　　请分析两种改革方案的潜在影响,并就公司应采取哪种方案以及如何实施提出建议。

第五节　组织文化

一、名词解释
1. 组织文化
2. 制度层文化
3. 精神层文化

二、判断题
1. 组织文化是组织成员共同接受和遵循的价值观念和行为准则。　（　　）
　　A. 正确　　　　　　　　　　B. 错误
2. 组织文化的构成不包括物质层。　（　　）
　　A. 正确　　　　　　　　　　B. 错误
3. 制度层的组织文化是组织文化的最深层次。　（　　）
　　A. 正确　　　　　　　　　　B. 错误
4. 精神层的组织文化是组织价值观的核心，也是组织文化的灵魂。　（　　）
　　A. 正确　　　　　　　　　　B. 错误
5. 组织文化的正向功能包括导向功能、凝聚功能、激励和约束功能、辐射功能、调适功能。（　　）
　　A. 正确　　　　　　　　　　B. 错误
6. 组织文化只有正向功能，没有负向功能。　（　　）
　　A. 正确　　　　　　　　　　B. 错误
7. 组织文化的负向功能可能导致组织变革的障碍。　（　　）
　　A. 正确　　　　　　　　　　B. 错误
8. 组织文化对组织的影响完全是正向的。　（　　）
　　A. 正确　　　　　　　　　　B. 错误
9. 组织文化的辐射功能指的是组织文化只对组织内部成员产生影响。　（　　）
　　A. 正确　　　　　　　　　　B. 错误
10. 组织文化可以帮助新成员尽快适应组织，与组织价值观相匹配。　（　　）
　　A. 正确　　　　　　　　　　B. 错误

三、单项选择题
1. 组织文化被称为（　　）。
　　A. 管理之脑　　　B. 管理之魂　　　C. 管理之眼　　　D. 管理之手
2. 组织文化的研究始于（　　）。
　　A. 20 世纪 30 年代　　　　　　B. 20 世纪 50 年代
　　C. 20 世纪 70 年代末 80 年代初　　　D. 21 世纪初
3. 组织文化的构成不包括（　　）。
　　A. 物质层　　　B. 制度层　　　C. 精神层　　　D. 情感层

4. 物质层的组织文化包括( )。
   A. 组织行为　　　　B. 规章制度　　　　C. 基本信念　　　　D. 工作流程
5. 制度层的组织文化主要指( )。
   A. 组织的物质和精神活动过程　　　　B. 组织的规章制度和道德规范
   C. 组织成员的共同信守的基本信念　　D. 组织文化向社会的辐射
6. 精神层的组织文化是( )。
   A. 组织成员的外在行为表现　　　　B. 组织的规章制度
   C. 组织成员群体心理定式和价值取向　D. 组织的物质载体
7. 组织文化的正向功能不包括( )。
   A. 导向功能　　　　B. 凝聚功能　　　　C. 激励和约束功能　　D. 破坏功能
8. 组织文化的负向功能可能导致( )。
   A. 变革的障碍　　　B. 增加组织成本　　C. 提高组织效率　　　D. 增强组织凝聚力
9. 组织文化的辐射功能指的是( )。
   A. 组织文化只在组织内部发挥作用
   B. 组织文化向社会辐射,对社会产生影响
   C. 组织文化只影响组织成员的工作态度
   D. 组织文化只影响组织的决策过程
10. 组织文化的调适功能可以帮助新成员( )。
    A. 增加工作压力　　B. 尽快适应组织　　C. 减少团队合作　　D. 保持个人独立性
11. 组织文化作为一种软约束,更易于( )。
    A. 促进组织变革　　B. 形成思维定式　　C. 减少组织成本　　D. 提高工作效率

四、简答题

1. 简述组织文化的概念及其在组织中的作用。

2. 描述组织文化的三个基本层次及其相互关系。

3. 解释组织文化的正向功能包括哪些方面。

4. 讨论组织文化的负向功能及其潜在的负面影响。

五、案例分析题

东方科技是一家成立于20世纪90年代的中型科技公司,以生产和销售高科技电子产品为主要业务。随着时间的推移,公司发展迅速,员工人数从最初的几十人增加到现在的上千人。公司创始人一直强调创新和团队合作的价值观,这些价值观在公司早期的发展中起到了积极的作用。然而,随着市场竞争的加剧和新技术的不断涌现,公司面临着转型的压力。新一代的领导团队发现,虽然公司的物质层文化(如办公环境和技术设施)不断更新,但制度层和精神层文化似乎仍然停留在过去,导致公司在决策速度和市场反应上显得迟缓。此外,公司内部出现了不同的声音,一些员工认为公司的规章制度过于僵化,限制了他们的创造力和个人发展。

请你:

(1)根据组织文化的构成理论,分析东方科技当前组织文化中可能存在的问题,并提出改进建议。

(2)考虑到组织文化的正向和负向功能,讨论如何调整东方科技的组织文化以促进公司的持续发展和创新。

第八章 领导

第一节 领导与领导理论

一、名词解释

1. 领导
2. 职位权力
3. 个人权力
4. 独裁型领导
5. 情境领导模型
6. 费德勒的权变领导理论

二、判断题

1. 领导在中文中只有名词含义,指的是领导者。 （ ）
   A. 正确　　　　　　　　　　　　B. 错误
2. 领导理论主要研究的是领导者。 （ ）
   A. 正确　　　　　　　　　　　　B. 错误
3. 领导权力的来源只有奖赏权力和强制权力。 （ ）
   A. 正确　　　　　　　　　　　　B. 错误
4. 法定权力是基于下属内化的价值观和对领导的合法性认可。 （ ）
   A. 正确　　　　　　　　　　　　B. 错误
5. 参照权力和专家权力统称为职位权力。 （ ）
   A. 正确　　　　　　　　　　　　B. 错误
6. 领导行为的有效性只取决于领导者。 （ ）
   A. 正确　　　　　　　　　　　　B. 错误
7. 独裁型领导认为权力来源于群体。 （ ）
   A. 正确　　　　　　　　　　　　B. 错误
8. 民主型领导鼓励下属参与决策。 （ ）
   A. 正确　　　　　　　　　　　　B. 错误
9. 俄亥俄州立大学的研究将领导行为归纳为定规维度和关怀维度。 （ ）
   A. 正确　　　　　　　　　　　　B. 错误
10. 管理方格理论认为(9,9)方格的领导方式是最有效的。 （ ）
    A. 正确　　　　　　　　　　　　B. 错误

11. 情境领导模型中,任务行为和关系行为是互斥的。 ( )
    A. 正确　　　　　　　　　　　　　　B. 错误
12. 下属成熟度只与心理成熟度有关。 ( )
    A. 正确　　　　　　　　　　　　　　B. 错误
13. 费德勒的权变领导理论认为领导者的风格是可以改变的。 ( )
    A. 正确　　　　　　　　　　　　　　B. 错误
14. 在费德勒的权变模型中,任务取向型领导者在非常有利或相对不利的情境下表现更好。
 ( )
    A. 正确　　　　　　　　　　　　　　B. 错误
15. 领导者—成员关系好、任务结构化、职位权力强是费德勒权变模型中最不利的情境。
 ( )
    A. 正确　　　　　　　　　　　　　　B. 错误

三、单项选择题
1. 领导理论主要研究( )。
    A. 领导者个人特质　　　　　　　　　B. 被领导者行为
    C. 领导行为和过程　　　　　　　　　D. 组织结构
2. 领导权力的来源不包括( )。
    A. 奖赏权力　　B. 强制权力　　　C. 法定权力　　　D. 道德权力
3. 以下( )是基于领导者个人的特征。
    A. 奖赏权力　　B. 强制权力　　　C. 参照权力　　　D. 法定权力
4. 专家权力的大小取决于( )。
    A. 领导者的职位　　　　　　　　　　B. 领导者的个人魅力
    C. 领导者的专业知识或技能　　　　　D. 被领导者的需求
5. 领导行为或过程中不包括( )。
    A. 领导者　　　B. 被领导者　　　C. 情境　　　　　D. 组织结构
6. 认为权力来源于职位的领导方式是( )。
    A. 民主型　　　　　　　　　　　　　B. 独裁型
    C. 放任型　　　　　　　　　　　　　D. 乡村俱乐部型
7. 俄亥俄州立大学的研究将领导行为归纳为( )两个维度。
    A. 奖赏维度和强制维度　　　　　　　B. 定规维度和关怀维度
    C. 生产维度和员工维度　　　　　　　D. 任务维度和关系维度
8. ( )领导方式对生产较少关心,对人们高度关心。
    A. 任务型管理　　　　　　　　　　　B. 乡村俱乐部管理
    C. 贫乏型管理　　　　　　　　　　　D. 团队型管理
9. 管理方格理论中,(9,9)方格代表的领导方式是( )。
    A. 乡村俱乐部管理　　　　　　　　　B. 任务型管理
    C. 团队型管理　　　　　　　　　　　D. 贫乏型管理

10. 情境领导模型中,领导者下达命令,明确何时、何地、如何去做,并监督执行的领导行为属于( )象限。
   A. S1　　　　　B. S2　　　　　C. S3　　　　　D. S4
11. 下属成熟度中的"成熟度低"指的是( )。
   A. R1　　　　　B. R2　　　　　C. R3　　　　　D. R4
12. 在费德勒的权变领导理论中,领导者风格分为( )。
   A. 任务取向型和关系取向型
   B. 独裁型和民主型
   C. 以生产为中心和以员工为中心
   D. 高任务/低关系行为和高关系/低任务行为
13. 在以下选项中,( )是费德勒权变模型中分析情境是否有利的维度之一。
   A. 领导者—成员关系　　　　　B. 任务结构
   C. 职位权力　　　　　D. 所有以上选项
14. 在费德勒的权变模型中,任务取向型领导者在( )下表现更好。
   A. 非常有利或相对不利的情境　　　　　B. 中等有利的情境
   C. 非常不利的情境　　　　　D. 所有情境
15. 领导是一个在特定情境中,通过影响个体或群体的行为来努力实现目标的过程,这一观点是由( )提出的。
   A. 恩格斯　　　　　B. 约翰·弗兰奇和伯特伦·瑞文
   C. 赫塞和布兰查德　　　　　D. 库尔特·勒温
16. 领导的三要素不包括( )。
   A. 领导者　　　　　B. 被领导者　　　　　C. 情境　　　　　D. 组织文化
17. ( )领导方式认为权力来源于被领导者的信赖。
   A. 独裁型　　　　　B. 民主型　　　　　C. 放任型　　　　　D. 任务型
18. 在管理方格理论中,(5,5)方格代表的领导方式是( )。
   A. 乡村俱乐部管理　　　　　B. 任务型管理
   C. 中间型管理　　　　　D. 团队型管理
19. ( )领导行为组合被认为最有效率。
   A. 高定规—高关怀　　　　　B. 高定规—低关怀
   C. 低定规—高关怀　　　　　D. 低定规—低关怀

四、简答题

1. 描述领导的内涵,并解释领导的两种含义。

2. 解释权力的五种来源,并给出每种权力的含义。

3. 领导的三要素是什么?它们如何决定领导行为的有效性?

4. 描述俄亥俄州立大学研究中确定的两个领导行为维度,并解释它们的区别。

5. 解释管理方格理论中的(9,9)方格代表的领导方式,并说明为什么这种领导方式被认为是有效的。

6. 简述费德勒的权变领导理论,并解释领导者风格与情境有利性如何影响组织效率。

五、案例分析题

某科技公司最近遭遇了严重的市场竞争压力,需要快速推出新产品以保持市场竞争力。公司的项目经理李明是一位技术出身的领导,以其深厚的专业知识和对工作细节的严格要求而闻名。团队成员普遍认为李明是一个专家型的领导者,对他的技术指导非常信服。然而,项目团队由不同背景和经验的成员组成,包括一些新入职的大学毕业生和一些资深的行业专家。

请你:

(1)根据领导权力的来源,分析李明在领导过程中可能依赖哪些权力来源,并讨论这些权力来源如何影响他的领导效果。

(2)考虑到领导的三要素(领导者、被领导者和情境),讨论在当前项目环竟下,李明应该如何调整他的领导风格以提高团队的执行力和创新能力。

(3)根据费德勒的权变领导理论,如果李明是一个任务取向型的领导者,那么在当前高压和时间敏感的项目环境下,他应该如何与团队成员建立有效的工作关系?

第二节 激励与激励理论

一、名词解释
1. 激励
2. 期望值
3. 正强化
4. 负强化

二、判断题
1. 激励是指影响人们的内在需要或动机,以强化、引导或改变人们行为的过程。 (　　)
   A. 正确　　　　　　　　　　　　　　　B. 错误
2. 马斯洛的需要层次理论认为人类需要从低到高可分为四种。 (　　)
   A. 正确　　　　　　　　　　　　　　　B. 错误
3. 在马斯洛的需要层次理论中,尊重需要和自我实现需要属于低层次的需要。 (　　)
   A. 正确　　　　　　　　　　　　　　　B. 错误
4. 根据双因素理论,保健因素和激励因素属于同一类别。 (　　)
   A. 正确　　　　　　　　　　　　　　　B. 错误
5. 公平理论认为人们对报酬的满意度只取决于绝对报酬。 (　　)
   A. 正确　　　　　　　　　　　　　　　B. 错误
6. 期望理论中的效价(V)是指人们对通过特定行为活动达到预期成果或目标的可能性的概率判断。 (　　)
   A. 正确　　　　　　　　　　　　　　　B. 错误
7. 行为强化理论认为行为的结果不会对人的动机产生影响。 (　　)
   A. 正确　　　　　　　　　　　　　　　B. 错误
8. 正强化和负强化都可以增强或保持行为。 (　　)
   A. 正确　　　　　　　　　　　　　　　B. 错误
9. 马斯洛的需要层次理论认为人的需要是固定不变的。 (　　)
   A. 正确　　　　　　　　　　　　　　　B. 错误
10. 双因素理论认为满意和不满意是共存于单一连续体中的。 (　　)
    A. 正确　　　　　　　　　　　　　　　B. 错误
11. 公平理论中的横向比较是指人们将自己当前的相对报酬与自己过去的相对报酬进行比较。 (　　)
    A. 正确　　　　　　　　　　　　　　　B. 错误
12. 期望理论认为只有当效价和期望值都低时,激励力才会高。 (　　)
    A. 正确　　　　　　　　　　　　　　　B. 错误
13. 行为强化理论中的惩罚是指通过不提供个人所期望的结果来减少某行为的发生。 (　　)

A. 正确 B. 错误
14. 马斯洛的需要层次理论认为只有低层次需要被完全满足后,高层次需要才会显现。（ ）
A. 正确 B. 错误
15. 双因素理论中的保健因素包括工作表现的机会和工作上的成就感。（ ）
A. 正确 B. 错误
16. 公平理论认为公平感是一种客观心理感受。（ ）
A. 正确 B. 错误
17. 期望理论中的期望值(E)是指人们对某一预期成果或目标的重视程度或偏好程度。
（ ）
A. 正确 B. 错误
18. 行为强化理论认为行为的结果对人的动机没有影响。（ ）
A. 正确 B. 错误
19. 正强化和负强化都会削弱或减少行为。（ ）
A. 正确 B. 错误
20. 马斯洛的需要层次理论认为人的需要是后天形成的。（ ）
A. 正确 B. 错误

三、单项选择题

1. 激励在管理学中的定义是（ ）。
   A. 一种短期的奖励机制
   B. 一种惩罚措施
   C. 影响人们的内在需要或动机,以强化、引导或改变人们行为的持续过程
   D. 一种员工培训方法
2. 在马斯洛的需要层次理论中,最高层次的需要是（ ）。
   A. 生理需要　　B. 安全需要　　C. 自我实现需要　　D. 社交需要
3. 在双因素理论中,属于工作环境或外界因素的是（ ）。
   A. 激励因素　　B. 保健因素　　C. 个人因素　　D. 组织因素
4. 在公平理论中,人们对报酬的满意度取决于（ ）。
   A. 绝对报酬　　B. 相对报酬　　C. 工作绩效　　D. 工作年限
5. 期望理论中的激励力(M)是由（ ）相乘得到的。
   A. 效价(V)和期望值(E)　　B. 工作绩效和奖励
   C. 努力和绩效　　D. 奖励和满足需要
6. 在行为强化理论中,正强化是指（ ）。
   A. 对行为的惩罚
   B. 对行为的忽视
   C. 通过积极的、令人愉快的结果使行为得到加强
   D. 通过不提供期望的结果减少行为

7. 马斯洛认为人的需要发展观带有明显的（　　）色彩。
   A. 机械论　　　　　B. 唯心论　　　　　C. 辩证法　　　　　D. 实用主义
8. 在双因素理论中,与工作本身或工作内容相关的是（　　）。
   A. 保健因素　　　　B. 激励因素　　　　C. 个人因素　　　　D. 组织因素
9. 在公平理论中,人们进行的比较不包括（　　）。
   A. 横向比较　　　　B. 纵向比较　　　　C. 与动物的比较　　D. 与他人的比较
10. 在期望理论中,如果效价（V）和期望值（E）都低,激励力（M）会（　　）。
    A. 非常高　　　　　B. 非常高　　　　　C. 低　　　　　　　D. 不变
11. 在行为强化理论中,负强化是指（　　）。
    A. 通过积极的、令人愉快的结果使行为得到加强
    B. 预先告知不良行为可能引起的后果,引导职工按要求行事
    C. 对令人不快或不希望的行为给予处罚
    D. 通过不提供期望的结果减少行为
12. 在激励的概念中,激励工作不包括（　　）。
    A. 从既定的组织目标出发　　　　　B. 通过影响员工的内在需要或动机
    C. 调动员工的工作积极性　　　　　D. 增加员工的工作压力
13. 在马斯洛的需要层次理论中,通过外部条件就可以满足的是（　　）。
    A. 生理需要、安全需要和社交需要　B. 尊重需要和自我实现需要
    C. 只有生理需要　　　　　　　　　D. 只有安全需要
14. 在双因素理论中,保健因素和激励因素的关系是（　　）。
    A. 完全相同　　　　　　　　　　　B. 完全对立
    C. 相互联系并可以相互转化　　　　D. 没有关系
15. 在公平理论中,公平感的制约因素不包括（　　）。
    A. 分配政策是否公平　　　　　　　B. 执行过程是否公开
    C. 当事人的公平标准　　　　　　　D. 工作绩效
16. 在期望理论中,激励力（M）的公式是（　　）。
    A. $M=V+E$　　B. $M=V-E$　　C. $M=V\times E$　　D. $M=V\div E$
17. 在行为强化理论中,惩罚是指（　　）。
    A. 通过积极的、令人愉快的结果使行为得到加强
    B. 预先告知不良行为可能引起的后果,引导职工按要求行事
    C. 对令人不快或不希望的行为给予处罚
    D. 通过不提供期望的结果减少行为
18. 在激励的概念中,激励工作的目的是（　　）。
    A. 惩罚员工
    B. 实现组织与个人在目标、行为上的内在一致性
    C. 增加员工的工作时间
    D. 减少员工的福利

19. 在马斯洛的需要层次理论中,哪类需要是通过内部因素才能满足的?(　　)。
   A. 生理需要、安全需要和社交需要　　B. 尊重需要和自我实现需要
   C. 只有尊重需要　　　　　　　　　　D. 只有自我实现需要

四、简答题

1. 激励在管理学中的定义是什么?

2. 在马斯洛的需要层次理论中,人类需要从低到高分为哪五种?

3. 根据双因素理论,保健因素和激励因素有什么区别?

4. 在公平理论中,相对报酬的比较包括哪两个方面?

5. 在期望理论中,激励力(M)是如何计算的?

6. 在行为强化理论中,强化有哪些类型?

7. 在激励理论中,如何理解"未满足的需要才具有激励作用"?

8. 在公平理论中,公平感是如何产生的?

五、案例分析题

　　李明是一家中型企业的技术部门经理,他手下有 15 名工程师。最近,公司承接了一个重要的项目,需要工程师们加班加点以满足紧迫的截止日期。李明注意到,尽管他提供了加班费和一些额外的福利,但团队的士气和工作效率并没有显著提升。他意识到可能需要更深入地了解团队成员的动机和需求,以便更有效地激励他们。

　　请你:

　　(1)根据马斯洛的需要层次理论,分析李明的团队成员可能缺乏哪些需要的满足,导致他们缺乏动力?

　　(2)应用双因素理论,讨论李明可以采取哪些措施来提升团队的工作满意度和积极性?

　　(3)结合公平理论和期望理论,李明应如何设计一个公平且具有激励性的奖励体系?

　　(4)考虑到行为强化理论,李明应如何通过正强化和负强化来影响团队的行为?

第三节　沟通与沟通障碍

一、名词解释

1. 沟通
2. 非言语沟通
3. 沟通客体

二、判断题

1. 沟通仅指信息的传递,不包括信息的被理解。（   ）
   A. 正确　　　　　　　　　　　　　　　B. 错误
2. 沟通的过程不需要涉及两个或两个以上的主体。（   ）
   A. 正确　　　　　　　　　　　　　　　B. 错误
3. 编码是将信息转换成传输的信号或符号的过程,它可能受到信息发送者的技能、态度、知识、文化背景等影响。（   ）
   A. 正确　　　　　　　　　　　　　　　B. 错误
4. 反馈不是沟通过程中的必要环节。（   ）
   A. 正确　　　　　　　　　　　　　　　B. 错误
5. 非言语沟通包括身体语言和语调。（   ）
   A. 正确　　　　　　　　　　　　　　　B. 错误
6. 口头沟通的优点之一是能够及时得到反馈。（   ）
   A. 正确　　　　　　　　　　　　　　　B. 错误
7. 书面沟通不受时间与空间的限制。（   ）
   A. 正确　　　　　　　　　　　　　　　B. 错误
8. 沟通障碍仅指人际障碍,不包括组织障碍和文化障碍。（   ）
   A. 正确　　　　　　　　　　　　　　　B. 错误
9. 信息过载不会阻碍有效沟通。（   ）
   A. 正确　　　　　　　　　　　　　　　B. 错误
10. 积极倾听不需要集中全部注意力。（   ）
    A. 正确　　　　　　　　　　　　　　　B. 错误

三、单项选择题

1. 沟通的基本条件不包括（   ）。
   A. 两个或两个以上的主体　　　　　　　B. 沟通客体,即信息情报等
   C. 传递信息情报的载体,如文件等　　　D. 沟通必须在封闭的环境中进行
2. 信息发送者在沟通过程中扮演（   ）角色。
   A. 信息的接收者　　　　　　　　　　　B. 信息的编码者
   C. 信息的传递者　　　　　　　　　　　D. 信息的解码者
3. 沟通过程中的"噪声"指的是（   ）。
   A. 沟通双方的对话　　　　　　　　　　B. 沟通过程中的干扰因素
   C. 沟通的反馈　　　　　　　　　　　　D. 沟通的编码
4. 非言语沟通不包括（   ）。
   A. 身体语言　　　B. 语调　　　　　C. 口头沟通　　　　D. 面部表情
5. 书面沟通的优点不包括（   ）。
   A. 受时间与空间的限制较小　　　　　　B. 耗时较长
   C. 有利于长期保存、反复研究　　　　　D. 在传递过程中不易被歪曲

6. 有效沟通的标准不包括（　　）。
   A. 保证沟通的"量"　　　　　　　　　B. 保证沟通的"质"
   C. 保证沟通的"时"　　　　　　　　　D. 保证沟通的"速度"
7. 人际障碍不包括（　　）。
   A. 表达能力　　　　　　　　　　　　B. 知识和经验差异
   C. 组织结构不合理　　　　　　　　　D. 情绪
8. 以下不是非言语沟通的形式的是（　　）。
   A. 手势　　　　B. 面部表情　　　C. 书面文字　　　D. 身体动作
9. 沟通障碍的克服方法不包括（　　）。
   A. 学会倾听　　　　　　　　　　　　B. 重视反馈
   C. 抑制情绪化反应　　　　　　　　　D. 增加信息过滤
10. 以下不是影响有效沟通因素的是（　　）。
    A. 人际障碍　　　B. 组织障碍　　　C. 文化障碍　　　D. 技术障碍
11. 沟通的类型按照沟通的方式可以划分为（　　）。
    A. 言语沟通与非言语沟通　　　　　　B. 口头沟通与书面沟通
    C. 个人沟通与群体沟通　　　　　　　D. 正式沟通与非正式沟通
12. 以下不是沟通过程中具体步骤的是（　　）。
    A. 信息发送者　　　　　　　　　　　B. 编码
    C. 信息的传递　　　　　　　　　　　D. 信息的存储

四、简答题

1. 简述沟通的含义及其重要性。

2. 描述沟通过程中的三个基本条件，并解释它们在沟通中的作用。

3. 比较言语沟通和非言语沟通的特点，并给出各自适用的场景。

4. 阐述有效沟通的标准，并解释为什么这些标准对沟通至关重要。

五、案例分析题

　　张华是一家跨国公司的项目经理，他需要与团队成员就即将到来的项目截止日期进行沟通。团队成员来自不同的国家和文化背景，包括中国、印度、美国和巴西。张华通过电子邮件发送了一份详细的项目进度报告，并要求团队成员在 24 小时内回复确认。然而，24 小时后，只有一半的成员回复了邮件，其他人没有回应。张华感到困惑，因为他认为电子邮件是一种快速且可靠的沟通方式，而且他需要确保每个人都了解项目的最新情况和紧迫性。

　　请你：

　　(1)分析张华在这次沟通中可能遇到的沟通障碍。

　　(2)根据沟通的类型和过程，提出至少两种改进沟通效果的策略。

　　(3)考虑到团队成员的文化多样性，张华应如何调整他的沟通方式以提高沟通的有效性？

第九章 控制

第一节 控制的内涵与原则

一、名词解释

1. 控制
2. 有效标准原则
3. 例外原则

二、判断题

1. 控制是管理中的一项重要职能，它涉及对组织内部的管理活动及其效果进行衡量和矫正。（　　）
   A. 正确　　　　　　　　　　　　　　　　B. 错误

2. 控制工作只需要由管理人员来负责，与组织中的其他成员无关。（　　）
   A. 正确　　　　　　　　　　　　　　　　B. 错误

3. 控制是通过监督和纠偏来实现的，这意味着控制是一个静态的过程。（　　）
   A. 正确　　　　　　　　　　　　　　　　B. 错误

4. 有效的控制标准应该满足简明性、适用性、一致性、可行性、可操作性、相对稳定性和前瞻性的要求。（　　）
   A. 正确　　　　　　　　　　　　　　　　B. 错误

5. 控制关键点原则意味着管理者应该将注意力集中于计划执行中的一些主要影响因素上。（　　）
   A. 正确　　　　　　　　　　　　　　　　B. 错误

6. 控制趋势原则强调管理者应该关注现状本身，而不是现状所预示的趋势。（　　）
   A. 正确　　　　　　　　　　　　　　　　B. 错误

7. 直接控制是指在出现了偏差、造成损失之后才采取措施的控制方法。（　　）
   A. 正确　　　　　　　　　　　　　　　　B. 错误

8. 例外原则认为管理者应该控制所有活动，而不是集中精力对例外情况进行控制。（　　）
   A. 正确　　　　　　　　　　　　　　　　B. 错误

三、单项选择题

1. 控制的主要目的是（　　）。
   A. 提高员工士气　　　　　　　　B. 确保组织目标的实现
   C. 增加市场份额　　　　　　　　D. 降低生产成本

2. 控制的整体性不包括( )。
   A. 以系统理论为指导 B. 覆盖组织活动的各方面
   C. 仅是管理人员的职责 D. 成为组织全体成员的职责
3. 控制通过( )方式实现。
   A. 仅监督 B. 仅纠偏 C. 监督和纠偏 D. 无监督和纠偏
4. 有效标准原则中，控制标准不要求( )特性。
   A. 简明性 B. 一致性 C. 可操作性 D. 复杂性
5. 控制关键点原则强调的是( )。
   A. 控制所有细节 B. 控制全局
   C. 控制住了关键点，也就控制住了全局 D. 忽略次要因素
6. 控制趋势原则的关键是( )。
   A. 专注于现状 B. 专注于趋势
   C. 专注于个人责任 D. 专注于直接控制
7. 直接控制原则与间接控制原则的主要区别是( )。
   A. 直接控制关注结果，间接控制关注过程
   B. 直接控制是上级对下级的控制，间接控制是下级对上级的控制
   C. 直接控制着眼于培养更好的主管人员，间接控制是在偏差出现后采取措施
   D. 直接控制是事后控制，间接控制是事前控制
8. 例外原则的核心思想是( )。
   A. 控制所有活动 B. 控制关键点的例外情况
   C. 忽略例外情况 D. 仅关注正常情况

四、简答题
1. 简述控制的内涵及其四个方面的表现。

2. 解释有效标准原则，并说明其对控制工作的重要性。

3. 描述直接控制原则与间接控制原则的区别，并解释为何直接控制原则更为有效。

五、案例分析题

一家中型制造企业近期推出了一款新产品，旨在扩大市场份额并提高年度收入。为此，公司制定了详细的生产和营销计划，并进行了组织结构调整以支持新产品的推广。然而，在产品上市后的几个月内，销售业绩并未达到预期目标。管理层发现，生产成本超出预算，市场反馈显示产品特性与客户需求存在偏差，且库存积压严重。

请你：

（1）根据控制的内涵，分析该企业在控制过程中可能忽视了哪些关键要素，并提出相应的改进措施。

（2）结合控制的原则，讨论企业应如何调整其控制策略以应对当前的挑战。

第二节　控制的主要类型

一、名词解释

1. 前馈控制
2. 现场控制
3. 反馈控制

二、判断题

1. 前馈控制是一种面向过去的控制。　　　　　　　　　　　　　　　　（　　）
   A. 正确　　　　　　　　　　　　　B. 错误

2. 现场控制只能在工作结束后进行。　　　　　　　　　　　　　　　　（　　）
   A. 正确　　　　　　　　　　　　　B. 错误

3. 反馈控制可以提供员工奖惩的依据。　　　　　　　　　　　　　　　（　　）
   A. 正确　　　　　　　　　　　　　B. 错误

4. 前馈控制不需要及时和准确的信息。　　　　　　　　　　　　　　　（　　）
   A. 正确　　　　　　　　　　　　　B. 错误

5. 现场控制不涉及对工作人员的指导。　　　　　　　　　　　　　　　（　　）
   A. 正确　　　　　　　　　　　　　B. 错误

6. 反馈控制不能消除偏差对后续活动的影响。　　　　　　　　　　　　（　　）
   A. 正确　　　　　　　　　　　　　B. 错误

7. 现场控制容易在控制者与被控制者之间形成对立情绪。　　　　　　　（　　）
   A. 正确　　　　　　　　　　　　　B. 错误

8. 反馈控制是一种同步控制。 ( )
   A. 正确　　　　　　　　　　　　B. 错误

三、单项选择题

1. 前馈控制的主要目的是( )。
   A. 亡羊补牢　　　B. 防患于未然　　　C. 奖惩员工　　　D. 同步指导
2. 现场控制的主要缺点是( )。
   A. 需要及时和准确的信息　　　　　B. 容易造成面对面的冲突
   C. 容易受到管理者时间、精力的限制　D. 无法提供员工奖惩的依据
3. 反馈控制的主要优点是( )。
   A. 避免下一次活动发生类似问题　　B. 防范措施的实施
   C. 面对面的领导　　　　　　　　　D. 同步指导
4. 以下不是前馈控制优点的是( )。
   A. 防患于未然　　　　　　　　　　B. 避免面对面冲突
   C. 提供员工奖惩的依据　　　　　　D. 需要及时和准确的信息
5. 现场控制的应用范围较窄,主要针对的工作是( )。
   A. 便于计量的工作　　　　　　　　B. 难以计量的工作
   C. 所有类型的工作　　　　　　　　D. 只有关键项目
6. 以下是反馈控制的主要弊端的是( )。
   A. 无法预测偏差　　　　　　　　　B. 矫正措施实施前偏差已产生
   C. 容易造成面对面冲突　　　　　　D. 需要及时和准确的信息
7. 以下不是现场控制职能的是( )。
   A. 监督　　　　　B. 指导　　　　　C. 预测　　　　　D. 奖惩
8. 以下是前馈控制的缺点的是( )。
   A. 需要及时和准确的信息　　　　　B. 容易造成面对面冲突
   C. 无法提供员工奖惩的依据　　　　D. 需要管理者具备高业务水平

四、简答题

1. 描述前馈控制的特点及优点。

2. 解释现场控制的职能及其可能的弊端。

3. 反馈控制的主要优点和弊端是什么？

五、案例分析题

一家建筑公司正在建设一个大型商业综合体。项目开始前，公司进行了详细的风险评估，并制定了一套严格的安全规程和质量控制标准。在建设过程中，项目经理定期巡视工地，监督工程进度和质量，并及时指导工人解决技术问题。项目完成后，公司对整个建设过程进行了回顾，分析了成本、进度和质量控制的结果，以及客户满意度，并据此制定了改进措施。

请你：

(1) 根据案例描述，识别并解释该建筑公司使用的三种控制类型。
(2) 讨论前馈控制在该项目中的作用及其可能面临的挑战。
(3) 分析现场控制在确保项目按时完成和质量达标方面的重要性。
(4) 评价反馈控制在提高客户满意度和项目绩效方面的效果。

第三节 控制的过程

一、名词解释

1. 控制标准
2. 定量标准
3. 定性标准

二、判断题

1. 控制标准是评定成效的尺度，用于衡量工作符合组织要求的程度。　　　　　　（　　）
   A. 正确　　　　　　　　　　　　　B. 错误
2. 选择控制对象时，管理者应优先考虑组织活动的成果。　　　　　　　　　　　（　　）
   A. 正确　　　　　　　　　　　　　B. 错误

3. 组织对所有工作活动都需要进行控制。（　　）
   A. 正确　　　　　　　　　　B. 错误
4. 定量标准和定性标准是控制标准的两大类型。（　　）
   A. 正确　　　　　　　　　　B. 错误
5. 统计计算法、经验估计法和工程方法是确定控制标准的三种方法。（　　）
   A. 正确　　　　　　　　　　B. 错误
6. 衡量绩效时，管理者不需要考虑衡量的频度。（　　）
   A. 正确　　　　　　　　　　B. 错误
7. 正偏差和负偏差都是工作的实际绩效与标准值之间的差异。（　　）
   A. 正确　　　　　　　　　　B. 错误
8. 所有偏差都需要立即采取纠偏措施。（　　）
   A. 正确　　　　　　　　　　B. 错误

三、单项选择题

1. 控制工作的起点是（　　）。
   A. 确定标准　　　B. 衡量绩效　　　C. 分析与纠偏　　　D. 修订标准
2. 以下不是选择控制对象时需要考虑因素的是（　　）。
   A. 环境特点及其发展趋势　　　　B. 资源投入和活动过程
   C. 员工满意度　　　　　　　　　D. 影响实现组织目标成果的主要因素
3. 以下不是确定控制标准方法的是（　　）。
   A. 统计计算法　　B. 经验估计法　　C. 工程方法　　　D. 直觉判断法
4. 以下是定量标准例子的是（　　）。
   A. 顾客满意度　　B. 产品产量　　　C. 组织形象　　　D. 员工培训
5. 以下是定性标准例子的是（　　）。
   A. 工时定额　　　B. 销售收入　　　C. 服务质量　　　D. 废品数量
6. 衡量绩效时，以下不是需要考虑的方面是（　　）。
   A. 由谁来衡量　　B. 衡量什么　　　C. 如何衡量　　　D. 何时开始衡量
7. 实际绩效低于设定标准。这称为（　　）。
   A. 正偏差　　　　B. 负偏差　　　　C. 零偏差　　　　D. 无偏差
8. 以下不是实施纠偏措施的是（　　）。
   A. 修订标准　　　B. 改善工作　　　C. 增加资源投入　　D. 忽略偏差

四、简答题

1. 描述确定控制标准过程中的关键步骤。

2. 衡量绩效时,管理者需要考虑哪些方面?

3. 分析与纠偏过程中,组织应如何处理偏差?

4. 简述控制的过程。

五、案例分析题

　　一家公司计划推出一款新产品,为此制定了详细的市场推广计划和生产计划。在计划阶段,公司确定了推广活动和生产过程中的关键控制点,并制定了相应的控制标准。在产品推广和生产过程中,公司定期收集销售和生产数据,与控制标准进行比较,评估实际绩效。在一次月度评估中,公司发现实际销售额远低于预期目标。

　　请你:根据案例描述,指出公司在控制过程中的哪个阶段发现了问题,公司应如何分析销售额低于预期的原因?公司可以采取哪些纠偏措施来提高销售额?

第十章 创新

第一节 管理创新的内涵

一、名词解释

1. 创新
2. 管理创新

二、判断题

1. 创新仅指技术层面的新产品开发。（   ）
   A. 正确　　　　　　　　　　　　　　B. 错误
2. 管理创新是管理活动中引入新的要素或要素组合的过程。（   ）
   A. 正确　　　　　　　　　　　　　　B. 错误
3. 管理创新仅是名词，不是动词。（   ）
   A. 正确　　　　　　　　　　　　　　B. 错误
4. 管理创新不包括对管理职能活动的变革与创新。（   ）
   A. 正确　　　　　　　　　　　　　　B. 错误
5. 管理创新不涉及组织结构和运行规则的设计、启动和监视。（   ）
   A. 正确　　　　　　　　　　　　　　B. 错误
6. 管理创新活动是相对于维持活动的另一类管理活动。（   ）
   A. 正确　　　　　　　　　　　　　　B. 错误
7. 管理创新不包括对组织管理调整与变化的思考。（   ）
   A. 正确　　　　　　　　　　　　　　B. 错误
8. 管理创新只关注组织内部的创新活动。（   ）
   A. 正确　　　　　　　　　　　　　　B. 错误

三、单项选择题

1. 创新的核心是（   ）。
   A. 产生新的思想和行为　　　　　　　B. 增加产品数量
   C. 提高生产效率　　　　　　　　　　D. 降低成本
2. 管理创新不包括的基本形式是（   ）。
   A. 引入新产品　　　　　　　　　　　B. 引入新的生产方式
   C. 获得新的原材料供应　　　　　　　D. 提高员工工资

3. 管理创新中的"管理"作为动词指的是（　　）。
   A. 管理工作的创新活动　　　　　　　B. 对人类创新活动的积极管理过程
   C. 设计新的组织结构　　　　　　　　D. 监视组织运行
4. 管理创新不涉及（　　）。
   A. 管理思想的创新　　　　　　　　　B. 管理行为的创新
   C. 维持现有的管理实践　　　　　　　D. 管理职能活动的变革
5. 以下不是管理创新特点的是（　　）。
   A. 由维持活动与创新活动构成　　　　B. 是一定管理思想和行动的结果
   C. 仅包括流创新　　　　　　　　　　D. 管理既是名词也是动词
6. 管理创新与维持活动的关系是（　　）。
   A. 完全独立　　　B. 互不相关　　　C. 相互依存　　　D. 相互排斥
7. 管理创新的目的是（　　）。
   A. 增加利润　　　　　　　　　　　　B. 创造新的资源整合范式
   C. 减少员工　　　　　　　　　　　　D. 扩大市场份额
8. 管理创新不包括（　　）。
   A. 新的管理方法　　　　　　　　　　B. 新的管理模式
   C. 新的管理手段　　　　　　　　　　D. 减少产品种类

四、简答题
1. 描述管理创新的五种基本形式。

2. 解释管理创新中"管理"作为名词和动词的不同含义。

五、案例分析题
　　一家传统的零售企业面临着电子商务的激烈竞争，为了适应市场变化，企业决定进行管理创新。企业首先引入了一种新的供应链管理方法，以提高库存周转率和降低成本。同时，企业开辟了在线销售渠道，以进入新的市场。此外，企业还建立了一个新的组织结构，以更好地支持线上线下业务的整合。

请你：
(1)描述该企业进行的管理创新活动。
(2)分析这些管理创新活动如何帮助企业适应市场变化。
(3)讨论管理创新在企业可持续发展中的作用。

第二节　管理工作的维持与创新

一、名词解释
1. 维持活动
2. 创新活动

二、判断题
1. 维持活动仅涉及组织系统的启动和监视，不包括设计。　　　　　　　　(　　)
   A. 正确　　　　　　　　　　　B. 错误
2. 创新活动是在维持基础上的发展。　　　　　　　　　　　　　　　　　(　　)
   A. 正确　　　　　　　　　　　B. 错误
3. 维持是实现创新成果的唯一方式。　　　　　　　　　　　　　　　　　(　　)
   A. 正确　　　　　　　　　　　B. 错误
4. 只有创新没有维持，系统会呈现无序的混乱状态。　　　　　　　　　　(　　)
   A. 正确　　　　　　　　　　　B. 错误
5. 只有维持没有创新，系统将缺乏活力，最终可能被环境淘汰。　　　　　(　　)
   A. 正确　　　　　　　　　　　B. 错误
6. 创新管理与维持管理在逻辑上是相互独立的。　　　　　　　　　　　　(　　)
   A. 正确　　　　　　　　　　　B. 错误

三、单项选择题
1. 管理工作的维持与创新的内涵中(　　)是组织系统与环境不协调时进行的过程。
   A. 维持活动　　B. 创新活动　　C. 设计活动　　D. 监视活动
2. 关于维持与创新的关系，以下描述错误的是(　　)。
   A. 创新是维持基础上的发展

B. 维持是创新的逻辑延续

C. 维持与创新是相互独立的

D. 维持为更高层次的维持提供依托和框架

3. 在管理工作中,以下不是维持与创新共同目标的是( )。

A. 系统的生存发展　　　　　　B. 适应外界变化

C. 实现组织目标　　　　　　　D. 保持现状不变

4. 以下不是管理工作中维持活动内容的是( )。

A. 设计组织结构　　　　　　　B. 启动项目

C. 监视运行规则　　　　　　　D. 改变组织系统

5. 在管理工作中,以下不是创新活动结果的是( )。

A. 组织结构的调整　　　　　　B. 运行规则的改变

C. 组织目标的实现　　　　　　D. 组织活力的增加

6. 在管理工作中,以下不是维持与创新相互融合表现的是( )。

A. 从创新到维持的循环反复

B. 维持和创新的相互独立

C. 根据组织结构维度确定维持和创新的组合

D. 根据关联维度确定维持和创新的组合

7. 在管理工作中,以下不是有效管理特征的是( )。

A. 实现维持与创新的最优组合

B. 根据组织的结构维度和关联维度来确定维持和创新的组合

C. 维持和创新的相互分离

D. 维持和创新的相互连接

四、简答题

1. 描述管理工作中维持活动与创新活动的关系。

2. 说明为什么管理工作需要同时包含维持与创新。

五、案例分析题

一家制造企业在行业中拥有稳定的市场地位,但面临着激烈的市场竞争和技术变革的挑战。为了保持竞争力,企业决定在维持现有生产效率和管理流程的同时,引入新的生产技术和管理方法。企业投资于自动化生产线,以提高生产效率和降低成本,同时引入精益管理,以优化流程和减少浪费。此外,企业还建立了一个创新团队,负责探索新的市场机会和产品开发。

请你:

(1)描述该企业在管理工作中维持与创新的实践。

(2)分析这些维持与创新活动如何帮助企业应对市场竞争和技术变革的挑战。

(3)讨论维持与创新在企业长期发展中的作用。

第三节 管理创新的主要类型

一、名词解释

1. 渐进式创新
2. 破坏性创新

二、判断题

1. 渐进式创新不涉及对现有管理方法的根本性改变。　　　　　　　　　　　　(　　)
   A. 正确　　　　　　　　　　　　　　B. 错误

2. 破坏性创新是一种局部性的管理活动改变。　　　　　　　　　　　　　　　(　　)
   A. 正确　　　　　　　　　　　　　　B. 错误

3. 局部创新不会改变系统的性质和目标。　　　　　　　　　　　　　　　　　(　　)
   A. 正确　　　　　　　　　　　　　　B. 错误

4. 整体创新只涉及系统的目标和运行方式,不涉及其社会贡献的性质。　　　　(　　)
   A. 正确　　　　　　　　　　　　　　B. 错误

5. 要素创新和结构创新都是对管理活动基本要素的创新。　　　　　　　　　　(　　)
   A. 正确　　　　　　　　　　　　　　B. 错误

6. 自发创新的结果通常是不确定的。　　　　　　　　　　　　　　　　　　　(　　)
   A. 正确　　　　　　　　　　　　　　B. 错误

三、单项选择题

1. 以下不是渐进式创新特点的是（　　）。
   A. 局部性改进　　　　　　　　　　B. 根本性突破
   C. 新的管理活动　　　　　　　　　D. 现有管理方法的改进
2. 破坏性创新通常会导致的结果是（　　）。
   A. 现有流程的小幅优化　　　　　　B. 现有市场的重新分配
   C. 现有管理理论的微调　　　　　　D. 现有组织的重组
3. 以下属于局部创新的是（　　）。
   A. 改变系统的目标和使命　　　　　B. 改变系统的社会贡献的性质
   C. 系统活动的某些内容的变动　　　D. 系统要素组合方式的根本性改变
4. 整体创新与局部创新的主要区别是（　　）。
   A. 影响范围的大小　　　　　　　　B. 创新程度的深浅
   C. 系统目标的改变与否　　　　　　D. 创新变革的方式
5. 要素创新与结构创新的主要区别是（　　）。
   A. 是否改变管理投入要素的核心概念　B. 是否涉及管理活动的基本内容
   C. 是否改变系统的组织化程度　　　　D. 是否涉及系统的自发创新
6. 自发创新与有组织创新的主要区别是（　　）。
   A. 创新的组织化程度　　　　　　　B. 创新的规模大小
   C. 创新的复杂性　　　　　　　　　D. 创新的预期结果
7. 以下是自发创新特点的是（　　）。
   A. 有计划、有组织地展开　　　　　B. 结果通常是不确定的
   C. 系统的管理人员积极引导　　　　D. 系统的管理人员积极利用
8. 有组织创新的结果是（　　）。
   A. 不确定的　　　　　　　　　　　B. 预期的、积极的、比较确定的
   C. 消极的　　　　　　　　　　　　D. 随机的

四、简答题

1. 描述渐进式创新与破坏性创新的主要区别。

2. 解释局部创新和整体创新的不同。

五、案例分析题

一家传统的零售企业面临着电子商务的激烈竞争,为了适应市场变化,企业决定进行管理创新。企业首先引入了一种新的供应链管理方法,以提高库存周转率和降低成本。同时,企业开辟了在线销售渠道,以进入新的市场。此外,企业还建立了一个新的组织结构,以更好地支持线上线下业务的整合。

请你:

(1)描述该企业在管理创新中采取了哪些类型的创新。

(2)分析这些管理创新活动如何帮助企业适应市场变化。

(3)讨论管理创新在企业长期发展中的作用。

附录　参考答案与解析

第一部分　经济学基础

第一章　需求、供给和均衡价格

第一节　需　求

一、名词解释

1. **需求**:在经济学中,需求是指在某一特定时期内,消费者在各种可能的价格水平下愿意并且能够购买的商品或服务的数量。这一概念包含两个核心要素:购买意愿和购买能力。购买意愿反映了消费者对商品或服务的偏好和需要,而购买能力则取决于消费者的经济状况和支付能力。只有当这两个条件同时满足时,才能形成有效的需求。

2. **需求量**:指在某一特定价格水平上,消费者愿意并且能够购买的商品或服务的数量。需求量随价格变动而变动。通常情况下,价格上升,需求量下降;价格下降,需求量上升。

3. **需求曲线**:表示商品或服务的价格与需求量之间关系的图形。在需求曲线中,价格通常位于纵轴,需求量位于横轴,需求曲线向右下方倾斜,反映了价格与需求量之间的负相关关系。

4. **需求规律**:指商品或服务的价格与其需求量之间的反向变动关系。即价格上升,需求量下降;价格下降,需求量上升。

二、判断题

1. 答案:B

   解析:存在吉芬商品,其价格上升时,消费者的购买数量也会上升。

2. 答案:A

   解析:需求曲线向右移动通常表示需求量的增加,即消费者愿意在更高的价格上购买更多的商品。

3. 答案:A

   解析:根据需求规律,在其他条件不变的情况下,如果某商品的价格上涨了,那么对该商品的需求量反而会下降。

4. 答案:B

   解析:对商品价格的预期也会影响消费者现在对商品的需求量,如果自行车未来的价格会上涨,那么必然导致现在消费者对自行车的需求量增加。

5. 答案:B

   解析:有效的需求指的是消费者愿意并且有能力购买某商品,在题目中,未体现出"有能力"这一要求。

6. 答案:B

   解析:正常商品的需求曲线是一条向右下方切斜的曲线,因为商品的需求量与价格呈反向变化关系,但是如果是吉芬商品就不是这样的。

7. **答案:** A

   解析: 需求曲线是一条向右下方倾斜的曲线,曲线向左移动,说明需求减少。

8. **答案:** A

   解析: 限制价格通常是政府为了控制价格上涨而设定的最高价格,因此它通常会低于市场自发形成的均衡价格。

三、单项选择题

1. **答案:** A

   解析: 根据需求的概念,需求是指在每一价格水平上愿意而且能够购买的某种商品量。

2. **答案:** B

   解析: 需求曲线是表示商品或服务的价格与需求量之间关系的图形。

3. **答案:** C

   解析: 需求曲线是表示商品或服务的价格与需求量之间关系的图形。

4. **答案:** D

   解析: 在需求曲线中,价格通常位于纵轴,需求量位于横轴,需求曲线向右下方倾斜,反映了价格与需求量之间的负相关关系。

5. **答案:** D

   解析: 在需求曲线中,价格通常位于纵轴,需求量位于横轴,需求曲线向右下方倾斜,反映了价格与需求量之间的负相关关系。

6. **答案:** B

   解析: 在影响需求的其他因素中,消费者对彩电的预期价格下降,当期对彩电的需求下降,需求曲线向左移。

7. **答案:** B

   解析: 一种商品的需求量与另一种商品价格呈反向变动,那么这两种商品是互补品,根据以上选项,照相机和胶卷是互补品。

8. **答案:** C

   解析: 如果消费者预期商品未来价格上升,相对于未来当前的价格比较便宜,根据需求规律,当期需求会增加。

9. **答案:** C

   解析: 根据需求规律,需求量与价格呈负向变化关系,当价格下降,需求量会增加。

10. **答案:** B

    解析: 商品价格的变化导致需求量的变化,呈现在需求曲线上表现为点在线上的移动,价格以外的其他因素带来的是需求曲线的左右移动。

11. **答案:** D

    解析: A 和 B 是替代品,那么 A 的价格下降导致 B 的需求减少,B 的需求减少会导致 B 的需求曲线向左移动。

12. **答案:** A

解析：出租车和公共汽车是替代品，当出租车的租金上涨后，对公共汽车服务的需求会增加。

13. **答案**：A

    解析：需求的概念包含两个方面，有意愿和有能力购买，四个选项中 A 最能完成表现需求的概念。

14. **答案**：B

    解析：根据需求规律，需求量与价格呈负向变化关系，当价格下降，需求量会增加。

15. **答案**：A

    解析：猪肉价格上涨后，对猪肉的需求减少，导致需求曲线向左移动。

四、简答题

1. 需求规律的含义是什么？

    答：需求规律是指在其他条件不变的情况下，商品的价格越高，消费者愿意并且能够购买的该商品数量，即需求量越小；反之，商品的价格越低，需求量越大。在西方经济学中，这一特征被称为需求规律。满足需求规律的需求曲线向右下方倾斜。

2. 请简述影响需求量的因素。

    答：影响需求量的因素包括商品本身的价格变化、消费者偏好、消费者收入水平、相关商品价格变动、消费者预期和政府政策。

第二节 供　给

一、名词解释

1. **供给**：供给是指在一定时期内，在不同价格水平下，生产者愿意并且能够提供的某种商品的数量。

2. **供给表**：供给表是指表示商品价格与其供给量之间关系的表格。

3. **供给曲线**：在坐标系上表示供给量与商品价格关系的曲线，称为供给曲线。供给曲线通常斜率为正，即价格上升时，供给量增加。

4. **供给规律**：供给规律是指在正常情况下，价格与供给量存在正向变动的关系。也就是说，在其他条件不变的情况下，商品价格上升会导致供给量增加，价格下降会导致供给量减少。

5. **供给函数**：把影响供给的价格作为自变量，把供给量作为因变量，则可以用函数关系来表达供给量和价格之间的依存关系，称为供给函数。

二、判断题

1. **答案**：B

    解析：供给规律是指一般而言，在其他条件不变的情况下，某种商品的价格越高，生产者对该商品的供给量就越大。

2. **答案**：B

    解析：此时供给曲线是垂直线。

3. **答案**：A

解析:在其他条件不变的情况下,供给量和价格之间呈现同方向变动的关系,即供给曲线向右上方倾斜。

4. 答案:A

   解析:供给的概念包含供给意愿和供给能力。

5. 答案:B

   解析:钢铁的价格上升将使汽车的供给曲线向左移动。

6. 答案:A

   解析:根据供给曲线的概念进行判断。

7. 答案:B

   解析:供给曲线向右平行移动表示供给增加。

8. 答案:B

   解析:消费者的收入和偏好主要影响需求,而非供应。供应的主要影响因素通常包括生产成本、技术水平、资源可获得性等。

9. 答案:B

   解析:垂直的供应曲线表示供应数量对价格的变化不敏感,即无论价格如何变化,供应数量都保持不变。这并不意味着消费者对该商品的需求数量为零。

10. 答案:B

    解析:替代品的价格上升通常会导致对原商品的需求增加(因为消费者会寻找替代品的替代物),从而可能增加原商品的供应(因为生产者看到需求的增加可能会增加生产量)。但这里的表述"导致供应减少"是错误的。

11. 答案:B

    解析:按照供给规律和需求规律,在其他条件不变的情况下,商品的供给量与价格呈正向关系,需求量与价格呈反向关系,所以价格对两者的影响效果是不同的。

三、单项选择题

1. 答案:C

   解析:供给包含的是供给意愿和供给能力,两者缺一不可。

2. 答案:B

   解析:消费者偏好是影响需求的因素,不是影响供给的因素。

3. 答案:B

   解析:供给曲线向右移动表示供给增加。

4. 答案:B

   解析:根据供给规律,供给与价格呈正向关系,价格上升,供给量增加。

5. 答案:B

   解析:所需原材料价格上升,代表生产成本增加,供给会减少,供给曲线向左移动。

6. 答案:A

   解析:一个商品的价格下降,对互补品的需求上升,导致互补品的需求曲线向右移动。

7. 答案:A

解析:建筑工人的工资提高,导致盖房子的成本增加,新房子的供给曲线向左移动。

8. **答案**:C

解析:需求量的组合移动是需求量变动引起的。

9. **答案**:A

解析:在其他因素保持不变的情况下,生产技术水平提高了,生产成本会下降,供给量增加。

四、简答题

1. 请简述供给曲线,并说明其斜率的含义。

答:供给曲线是用于表示在不同价格水平下,生产者愿意提供的商品数量的图形。供给曲线通常斜率为正,即价格上升时,供给量增加。斜率的大小表示供给弹性,斜率越大,供给弹性越高,说明价格变动对供给量的影响越大。

2. 请简述供给规律,并举例说明。

答:供给规律指的是在其他条件不变的情况下,商品的价格上升会导致供给量增加,价格下降会导致供给量减少。例如,如果苹果的价格上升,果农可能会增加苹果的种植面积,从而增加市场上的苹果供给量。

3. 请简述影响供给量的因素。

答:影响供给量的因素除商品本身的价格变化外,还有生产者的目标、生产技术水平、生产成本、生产者可生产的其他相关商品的价格、生产者对未来的预期和政府的政策。

第三节 市场均衡

一、名词解释

1. **均衡**:指在特定经济单位、经济变量或市场等层面,通过一系列经济力量的相互制约,所达成的一种相对稳定且持续不变的状态。

2. **市场均衡价格**:指市场供给力量和需求力量相互抵消时所达到的价格水平,即供给量和需求量相等时的价格,此时的供求数量为市场均衡数量。

3. **市场均衡数量**:市场处于均衡的条件是,市场需求量等于市场供给量,此时的数量被称为市场均衡数量。

二、判断题

1. **答案**:B

解析:需求是购买欲望与购买能力的统一,而不仅仅是家庭在某一特定时期内愿意购买的商品量。

2. **答案**:A

解析:准确地描述了需求和供给的概念。

3. **答案**:A

解析:当某种因素(如学习外语的需求)导致对某种商品(如随身听和复读机)的需求量增加时,我们称这为需求增加。

4. **答案**:B

解析:虽然市场上的荔枝数量确实减少了,但这是由于自然灾害导致的供给减少,而非供给量减少。供给量是指在一定价格水平下,生产者愿意并能够提供的商品数量,而供给的变动则是指由于生产成本的改变、生产技术的提高、政府政策的变化等因素导致的整个供给曲线的移动。在这里,台风摧毁了荔枝树,改变了荔枝的供给曲线,因此应称为供给减少,而非供给量减少。

5. 答案:B

   解析:苹果价格下降导致人们购买的橘子减少,这实际上是一种替代效应,即由于苹果价格下降,消费者更倾向于购买苹果而非橘子。但这并不意味着橘子的需求曲线向左移动,而是表示在苹果价格下降的情况下,消费者在橘子的需求曲线上选择了更少的数量。

6. 答案:A

   解析:虽然一般情况下商品的供给量会随着价格的上升而增加,但也存在列外情况,如某些商品的供给可能受到生产能力的限制,即使价格上升也无法增加供给量。

7. 答案:A

   解析:在假定其他条件不变的情况下,某种商品价格的变化确实会导致它的供给量沿着供给曲线上下移动,但这并不会改变供给曲线的位置或形状,即不会引起供给的变化。

8. 答案:A

   解析:生产技术提高会导致生产成本降低,从而使得生产者在相同价格水平下愿意并能够提供更多的商品数量,即供给量增加。

三、单项选择题

1. 答案:C

   解析:影响均衡价格主要考虑供需曲线的变化,从影响供给和需求的因素思考,在影响供给与需求的因素中没有广告投入,故广告投入不是影响均衡价格的因素。

2. 答案:B

   解析:A商品的价格下降时,互补品的需求增加,需求曲线向右移动。

3. 答案:B

   解析:根据均衡的概念即可判断。

4. 答案:D

   解析:市场处于均衡的时候,价格和交易量都是稳定的,不再变动。

5. 答案:B

   解析:供给量大于需求量,供给大于需求,必然导致价格下降。

6. 答案:B

   解析:市场供给增加,需求不变,供给曲线向右移动,形成新的均衡价格与均衡数量,均衡价格下降。

四、简答题

1. 简述市场均衡价格形成的过程。

   答:市场均衡价格形成的过程包括市场供求关系的变动、价格的调整以及市场参与者的响应。当市场上的供给量与需求量不一致时,价格会相应调整,直至达到均衡状态,即供给量等于需求量。在这一过程中,市场参与者会根据价格信号调整自己的行为,如消费者可能会因为价格上涨而减少购买,生产者可能会因为价格上涨而增加供给。

2. 什么是市场均衡?

答:市场均衡是指市场供给等于市场需求的一种状态。在影响需求和供给的其他因素都固定不变的条件下,市场均衡由需求曲线与供给曲线的交点所决定。此时商品价格达到这样一种水平,使得消费者愿意购买的数量等于生产者愿意供给的数量。

3. 市场均衡时的价格和数量的决定因素是什么?

答:市场均衡时的价格和数量由需求曲线和供给曲线的交点决定。这个价格被称为市场均衡价格。它使得商品的市场需求量等于市场供给量。

4. 需求变动对市场均衡有何影响?

答:需求增加会引起市场均衡价格上升和市场均衡数量增加,需求减少则会引起市场均衡价格下降和市场均衡数量减少。需求的变动会引起市场均衡价格与市场均衡数量同方向变动。

5. 供给变动对市场均衡有何影响?

答:供给增加会引起市场均衡价格下降和市场均衡数量增加,供给减少则会引起市场均衡价格上升和市场均衡数量减少。供给的变动会引起市场均衡价格与市场均衡数量反方向变动。

第四节 弹 性

一、名词解释

1. **弹性**:如果一个经济量 X 对另一个经济量 Y 产生影响,用变量 Y 变动的百分比除以变量 X 变动的百分比,就是 Y 相对于 X 变动的敏感程度。

2. **需求价格弹性**:指需求量对于价格变动的反应程度,通常用需求量变动的幅度除以价格变动的幅度,即以需求价格弹性系数来表示。

3. **需求弹性**:用于衡量需求量对价格变动的敏感程度。如果价格变动导致需求量大幅变动,则称为需求弹性大;如果价格变动对需求量影响较小,则称为需求弹性小。

二、判断题

1. 答案:B

解析:弹性系数为 1.4,属于富有弹性,商品的价格上升后,需求量会大幅度减少,消费支出不一定会增加。

2. 答案:A

解析:需求缺乏价格弹性时,价格变化对需求量的变化幅度影响不大,消费支出与价格变动方向一致,需求数量做反方向变化。

3. 答案:A

解析:需求价格弹性系数大于1,富有弹性,价格的细微变化会导致需求量大幅度变化,总体销售收入会增加。
4. 答案:B
   解析:对于需求缺乏弹性的商品,其价格的变化不会带来需求量的大幅度变化,销售收入不会增加。
5. 答案:A
   解析:需求富有价格弹性的商品适合薄利多销的策略。
6. 答案:A
   解析:需求缺乏价格弹性,价格变化对需求量的变化幅度影响不大。
7. 答案:A
   解析:运用需求价格弹性的分类中单位弹性的概念即可判断。

三、单项选择题
1. 答案:A
   解析:薄利多销适合富有价格弹性的商品。
2. 答案:C
   解析:生活必需品是缺乏价格弹性的商品。
3. 答案:C
   解析:某商品的价格下降,对替代品的需求减少,需求曲线向左移动。
4. 答案:D
   解析:根据需求的价格弹性系数的公式即可判断。
5. 答案:B
   解析:根据弹性的公式,弹性值为3,大于1,富有弹性。
6. 答案:A
   解析:需求价格弹性的概念。
7. 答案:C
   解析:结合弹性的概念进行判断。

四、简答题
1. 简述需求价格弹性,并举例说明其应用。
   答:需求价格弹性是指需求量对价格变动的反应程度,是需求量变动百分比与价格变动百分比的比率。例如,如果一种商品的价格下降10%导致需求量增加20%,则该商品的需求价格弹性大于1,表明需求对价格变动较为敏感。在农业领域,"谷贱伤农"现象就是一个典型的应用例子,当粮食丰收导致价格下降时,由于需求价格缺乏弹性,农民收入可能会减少。
2. 分析铁路运输需求价格弹性对运输收入的影响,并提出相应的政策建议。
   答:如果铁路运输的需求价格弹性系数大于1(富有弹性),那么降低价格可能会增加需求量,且需求量的增加幅度会大于价格的下降幅度,从而增加总收入。因此,为了增加铁路运输的收入,可以考虑适当降低价格。政策建议包括制定灵活的定价策略、提高服务质量以吸引更多乘客等。

第二章　消费者选择

第一节　效用理论概述

一、名词解释

1. 效用：指消费者从消费某种商品中所获得的满足程度。这种满足程度是主观的，由消费者个人的心理评价决定。
2. 欲望：指个体在心理上对尚未拥有之物的向往与追求，表现为一种缺失感与获取愿望。
3. 基数效用论：认为效用是可以计量并加总求和的，用1，2，3……基数来衡量效用的大小，是一种按绝对数衡量效用的方法。
4. 序数效用论：认为效用只能按第一、第二、第三等序数来反映效用的序数或等级，是一种按偏好程度进行排列顺序的方法。
5. 边际效用：指消费者在一定时间内增加单位商品所引起的总效用的增加量。
6. 总效用：指消费者在某一时期内所消费的每一单位商品得到的效用总和。

二、判断题

1. 答案：A

    解析：根据效用的概念判断。

2. 答案：B

    解析：根据总效用的概念判断，总效用是先增后减。

3. 答案：B

    解析：边际效用递减规律是指在特定时期内，在其他商品的消费保持不变的条件下，消费者不断地增加某种商品的消费量，随着该商品消费数量的增加，消费者每增加一单位该商品的消费所获得的效用增加量逐渐减少。

4. 答案：A

    解析：边际效用的概念。

三、单项选择题

1. 答案：D

    解析：结合序数效用论与基数效用论的概念进行判断。

2. 答案：B

    解析：效用的基本概念。

3. 答案：D

    解析：总效用的概念。

4. 答案：B

    解析：边际效用的概念。

5. 答案：B

    解析：边际效用递减规律，对总效用的影响。

6. 答案：B

解析:效用的概念。
7. 答案:C

　　解析:只要边际效用是正的,总效用就能不断增加。

四、简答题

1. 简述效用理论的核心概念。

　　答:效用理论的核心概念是效用,指的是消费者从消费某种物品或服务中所获得的满足程度。这种满足程度是主观的,由消费者个人的心理评价决定。效用理论通过效用函数来描述消费者的偏好顺序,即不同商品或服务带给消费者的满足程度如何排序。

2. 解释边际效用递减规律。

　　答:边际效用递减规律是指在特定时期内,在其他商品的消费保持不变的条件下,消费者不断地增加某种商品的消费量,随着该商品消费数量的增加,消费者每增加一单位该商品的消费所获得的效用增加量逐渐减少。

第二节　无差异曲线

一、名词解释

1. **无差异曲线**:无差异曲线为在既定偏好条件下,把可以给消费者带来相同满足程度的商品的不同数量组合描绘出来的曲线。

2. **边际替代率**:在效用满足程度保持不变的条件下,消费者增加一单位 A 商品的消费可以代替的 B 商品的消费数量,简称为边际替代率。

3. **偏好**:消费者对商品或商品组合的喜好程度是消费者的偏好。

二、判断题

1. 答案:B

　　解析:无差异曲线是同一个消费者的不同消费组合带来的无差别效用组合。

2. 答案:B

　　解析:任意两条无差异曲线不相交。

3. 答案:B

　　解析:形状始终为向右下方倾斜、凸向原点的曲线。

4. 答案:A

　　解析:无差异曲线的概念。

5. 答案:B

　　解析:边际替代率是递减的。

三、单项选择题

1. 答案:A

　　解析:根据无差异曲线的概念。

2. 答案:C

　　解析:结合无差异曲线的特征进行判断。

3. 答案:B

解析：无差异曲线上的每一点带来的效用是一样的。
4. **答案**：B
   解析：结合无差异曲线的特征进行判断。
5. **答案**：A
   解析：结合无差异曲线的特征进行判断。
6. **答案**：A
   解析：结合无差异曲线的特征进行判断。
7. **答案**：C
   解析：结合无差异曲线的概念进行判断。
8. **答案**：B
   解析：结合边际替代率的概念和图形进行判断。

四、简答题

1. 什么是无差异曲线？无差异曲线具有哪些特征？

   答：无差异曲线是用来表示两种商品的不同数量的组合给消费者所带来的效用完全相同的一条曲线。无差异曲线具有以下特征：

   第一，无差异曲线有无数条，每一条都代表着消费者消费商品组合可以获得的一个效用水平，并且离原点越远的无差异曲线代表的效用水平越高。

   第二，任意两条无差异曲线都不相交。

   第三，无差异曲线向右下方倾斜。

   第四，无差异曲线凸向原点。

2. 请简述边际替代率递减规律。

   答：商品的边际替代率递减规律是指在保持效用水平不变的条件下，随着一种商品消费数量的增加，消费者为增加一单位该商品的消费而愿意放弃的另外一种商品的消费数量会逐渐减少，即随着一种商品数量的增加，它对另外一种商品的边际替代率递减。

3. 请简述消费者偏好的四个假设。

   答：一是消费者对任意两个商品组合都能进行排序，即对于任意两个商品组合 A 和 B，消费者可以根据自身的偏好做出断定：A 至少与 B 一样好或者 B 至少与 A 一样好，二者之一必须成立。如果消费者认为上述两个判断均成立，就称 A 和 B 无差异。

   二是消费者偏好满足传递性，即对于任何三个商品组合 A、B 和 C，如果消费者对 A 的偏好不低于 B，对 B 的偏好不低于 C，那么该消费者对 A 的偏好一定不低于 C。

   三是在其他商品数量相同的条件下，消费者更偏好数量大的商品组合。

   四是消费者偏好具有多样性的产品组合。

第三节　预算约束线

一、名词解释

预算约束线：表示在收入和商品价格既定的条件下，消费者用全部收入所能买到的各种商品的不同数量的组合。

二、判断题

1. **答案**:A

   解析:根据预算约束线的概念进行判断。

2. **答案**:B

   解析:预算线的斜率是两种商品价格的负比率,即$-P_1/P_2$。

3. **答案**:A

   解析:消费者收入增加了,在商品价格不变的情况下,能购买的商品组合数量增加了,所以预算约束线向右移动。

4. **答案**:A

   解析:在收入不变的情况下,一种商品价格上升,导致相同情况下该商品能购买的数量减少,预算约束线向内旋转。

5. **答案**:B

   解析:预算约束线上的点表示用尽所有收入所能购买的各种消费组合,预算约束线外的点是支付能力达不到的选择。

6. **答案**:B

   解析:若商品价格与消费者收入按同一比例发生变动,预算约束线位置不发生变动。

7. **答案**:A

   解析:根据预算约束线的概念进行判断。

8. **答案**:B

   解析:在收入和商品价格既定的条件下,消费者的预算约束线是一条向右下方倾斜的直线。

9. **答案**:A

   解析:在价格不变的情况下,收入减少,可购买的商品数量组合减少,预算约束线向左平移。

10. **答案**:A

    解析:根据预算约束线的概念进行判断。

三、单项选择题

1. **答案**:B

   解析:根据预算约束线的概念进行判断。

2. **答案**:B

   解析:消费者收入增加了,在商品价格不变的情况下,能购买的商品组合数量增加了,所以预算约束线向右移动。

3. **答案**:B

   解析:收入不变的情况下,一种商品价格下降,导致相同情况下购买该商品的数量增加,预算约束线向外旋转。

4. **答案**:C

解析：根据预算约束线的概念和图形构成进行判断。
5. 答案：C

解析：在价格不变的情况下，消费者收入减少导致能购买的商品数量减少，预算约束线向左移动。
6. 答案：A

解析：价格同比例上升，能购买的商品数量减少，预算约束线向左移动。
7. 答案：A

解析：X 的价格上升，其他价格不变，购买该商品的数量减少，预算约束线向左旋转。
8. 答案：D

解析：X 的价格下降，商品 Y 价格上升，不知道变化的幅度，预算约束线的变化无法确定。
9. 答案：D

解析：商品价格不变，收入增加一倍会导致约束线增加两倍，可通过画图求解。
10. 答案：C

解析：消费者收入减少，可支配收入减少，预算约束线长度缩短至原来一半。
11. 答案：D

解析：消费者收入增加，预算约束线向右移动，一个商品价格变化另外一个商品价格不变，会导致斜率改变。

四、简答题

1. 预算约束线的斜率代表什么？

答：预算约束线的斜率是两种商品价格的负比率或两种商品价格的比率的负值，即 $-P_1/P_2$。斜率的绝对值是两种商品的相对价格，即 P_1/P_2。斜率的大小表明在不改变总支出金额的前提下，两种商品可以相互替代的比率。

2. 影响预算约束线变动的因素有哪些？

答：影响预算约束线变动的因素是消费者可支配的收入和两种商品的价格。在价格不变的情况下，收入增加会使预算约束线平行向右移动，收入减少会使预算约束线平行向左移动。在收入不变的情况下，其中一种商品价格变动，其他因素不变，预算约束线会转动。

第三章 企业的生产和成本

第一节 企 业

一、名词解释

1. **企业**：在经济学领域，企业一般被定义为能够统一规划生产与供给策略的基本经济实体。
2. **个人独资企业**：也称个体经营或个体工商户，是由单一自然人投资设立的经济实体。
3. **合伙制企业**：是基于合伙协议，由两个或两个以上的自然人或法人共同出资、经营、分享收益并承担风险的营利性组织。
4. **公司**：是指依法设立，以盈利为目的，独立承担民事责任，从事生产或服务性业务的经济实体。公司作为一种法人组织,享有独立的法律地位。公司主要分为有限责任公司和股份有限公司两类。

二、简答题

企业的基本组织形式有哪些?

答:企业存在三类基本组织形式,包括个人独资企业、合伙制企业和公司。其中,公司制企业是现代企业中最主要、最典型的组织形式。

第二节 生产函数

一、名词解释

1. **企业利润**:等于总收益和总成本之间的差额。其中,总收益是企业的销售收入,等于销售产品的价格与销售数量的乘积;而总成本则是企业生产过程中的各种有形与无形支出,它们都取决于企业的产出数量。
2. **生产**:通过各种投入要素的转换,实现产出的生成的过程。
3. **生产要素**:生产过程中的各种投入要素被称为生产要素。
4. **劳动**:指的是劳动者在生产过程中所提供的体力与脑力服务的总和。
5. **资本**:指的是生产过程中所使用的物品与货币资金等资源,包括但不限于厂房、机器设备、动力燃料以及流动资金等。
6. **企业家才能**:指企业家在建立组织和经营企业过程中所展现出的发现市场机遇以及有效组织各种投入要素的能力。
7. **生产函数**:是一个经济学术语,它表示在一定时期内,在技术水平不变的情况下,生产中所使用的各种生产要素的数量与所能生产的最大产量之间的函数关系。

二、判断题

1. 答案:A

   解析:生产函数的概念。

2. 答案:B

   解析:生产函数中的生产要素通常包括劳动、资本、土地和企业家才能等。

三、单项选择题

1. 答案:A

   解析:生产函数的概念。

2. 答案:B

   解析:生产函数的特性。

3. 答案:A

   解析:生产函数的概念。

四、简答题

什么是生产函数?

答:生产函数表示在一定时期内,在技术水平不变的情况下,生产中所使用的各种生产要素的数量与所能生产的最大产量之间的函数关系。它描述了在一定技术条件下投入与产出之间的数量关系。

第三节　短期生产函数

一、名词解释

1. **总产量**：在一定时间内，投入所有生产要素所能生产的最大产量。
2. **平均产量**：平均每单位生产要素投入量的产出量。
3. **边际产量**：每增加一单位生产要素的投入，所能带来的总产量的增加量。
4. **边际报酬递减规律**：在保持生产技术水平不变、其他生产要素不变的条件下，把一种可变的生产要素连同其他一种或几种不变的生产要素投入生产过程之中。随着这种可变的生产要素投入量的逐步增加，最初每增加一个单位该要素所带来的产量增加生产是递增的；但当这种可变要素投入量增加到一定程度之后，增加一个单位该要素所带来的产量增加量是逐渐递减的。

二、判断题

1. 答案：B
   解析：根据边际报酬递减规律，随着生产要素的不断投入，总产量先增加后减少。
2. 答案：B
   解析：当边际产量达到最大值时，平均产量并非最大值。
3. 答案：B
   解析：当边际产量为负时，总产量开始减少。
4. 答案：B
   解析：平均产量达到最大值时，边际产量与之相同。
5. 答案：B
   解析：边际产量先增后减。
6. 答案：B
   解析：当总产量最大时，边际产量为零。
7. 答案：A
   解析：分析总产量、平均产量和边际产量三者之间的关系即可判断。
8. 答案：B
   解析：分析总产量、平均产量和边际产量三者之间的关系即可判断。
9. 答案：A
   解析：分析总产量、平均产量和边际产量三者之间的关系即可判断。
10. 答案：B
    解析：这取决于生产函数的类型。在规模报酬不变的情况下，总产量可能会按相同比例增加；在规模报酬递增的情况下，总产量的增加比例会大于投入量的增加比例；在规模报酬递减的情况下，总产量的增加比例会小于投入量的增加比例。
11. 答案：A
    解析：边际产量的概念。

12. 答案:B

解析:平均产量和边际产量之间的大小关系取决于生产函数的形状和生产要素的投入量。在某些情况下,平均产量可能小于边际产量。

13. 答案:A

解析:在生产函数中,当边际产量为零时,表示再增加一种生产要素的投入量也不会使总产量增加,此时总产量达到最大值。

三、单项选择题

1. 答案:B

   解析:边际产量的含义。

2. 答案:C

   解析:短期生产函数的概念。

3. 答案:A

   解析:分析总产量、平均产量和边际产量三者之间的关系即可判断。

4. 答案:A

   解析:分析总产量、平均产量和边际产量三者之间的关系即可判断。

5. 答案:C

   解析:分析总产量、平均产量和边际产量三者之间的关系即可判断。

6. 答案:B

   解析:分析总产量、平均产量和边际产量三者之间的关系即可判断。

7. 答案:C

   解析:分析总产量、平均产量和边际产量三者之间的关系即可判断。

8. 答案:B

   解析:边际产量为负,总产量会减少。

四、简答题

1. 什么是短期生产函数?

   答:短期生产函数是指企业处于生产的短期,假设只有生产要素劳动 L 可变,而其他生产要素如资本 K 保持不变的条件下,表示产出 Q 与劳动 L 之间关系的函数,表达式为 $Q=f(L,R)$。

2. 总产量、平均产量和边际产量之间的关系是什么?

   答:总产量 TP_L 指短期内,在生产规模不变的情况下,利用一定数量的生产要素所生产产品的全部数量。平均产量 AP_L 指平均每一个单位可变要素的产量,即总产量除以可变要素投入量的商。边际产量 MP_L 指增加一个单位可变要素的投入所增加的产量。三者的关系可以表述为:只要边际产量是正的,总产量总是增加的;只要边际产量是负的,总产量总是减少的;当边际产量为零时,总产量达最大值;同时,边际产量曲线与平均产量曲线相交于平均产量曲线的最高点。

3. 如何根据短期生产函数求边际产量?

   答:边际产量可以通过对短期生产函数求偏导数来计算。例如,对于短期生产函

数 $Q=f(K,L)$，对 L 求偏导数即可得到边际产量 MP_L 的函数表达式。将具体的 K 和 L 值代入该函数表达式，即可求得在给定资本和劳动力水平下的边际产量。

第四节 短期成本函数

一、名词解释

1. **成本**：是指在一定时期内，企业生产一定数量的产品所使用的生产要素的费用。
2. **机会成本**：是指将某项资源用于一种特定用途而不得不放弃其他机会所带来的成本，通常由这项资源在其他用途中所能得到的最高收入加以衡量。
3. **显性成本**：是指企业为了生产一定数量的产品购买生产要素所花费的实际支出。
4. **隐性成本**：是指企业使用自己所拥有的生产要素的机会成本。
5. **固定成本**：是指不随企业产量变动而变动的那部分成本，它对应着不变投入的费用。
6. **可变成本**：是指随着企业产量变动而变动的那部分成本，它对应着可变投入的费用。

二、判断题

1. 答案：A

    解析：短期总成本的概念。

2. 答案：B

    解析：固定成本包括厂房和设备的折旧，以及管理人员的工资费用等，生产人员的工资费用属于可变成本。

3. 答案：A

    解析：边际成本的概念。

4. 答案：A

    解析：平均总成本、平均可变成本与平均固定成本的关系。

5. 答案：B

    解析：在短期生产中，某些生产要素的使用量是固定的，只有一部分要素投入量可变。

三、单项选择题

1. 答案：A

    解析：可变成本的概念。

2. 答案：B

    解析：固定成本的概念。

3. 答案：B

    解析：产量的增加会摊薄平均固定成本。

4. 答案：A

    解析：边际成本的概念。

四、简答题

1. 什么是短期成本函数？

    答：短期成本函数是描述企业在短期内至少有一种生产要素固定不变时，总成本与产量之间关系的数学函数。

2. 短期成本函数主要由哪些要素构成？

答：短期成本函数主要由两大要素构成，即固定成本和可变成本。固定成本是指在短期内不随产量变化而变化的成本，如厂房租金、设备折旧费等；可变成本则与产量直接相关，随产量的增减而变动，如原材料费用、工人工资等。

第四章 市场结构

第一节 市场结构

一、名词解释

1. **市场**：是由生产者与消费者围绕特定商品交易而构成的相互关联体系，简而言之，市场即为连接商品买卖各方的桥梁与纽带。
2. **市场结构**：是指一个行业内部买方和卖方的数量及其规模分布、产品差异程度和新企业进入该行业难易程度的综合状态，是反映市场竞争和垄断关系的概念。换句话说，市场结构是指某种产品或服务的竞争状况和竞争程度。

二、判断题

1. 答：B

   解析：完全竞争市场中，每个厂商都是价格的接受者。
2. 答：A

   解析：垄断市场的概念与特征。
3. 答：B

   解析：寡头市场一般只有2~3家大企业。
4. 答：A

   解析：垄断竞争市场的概念与特征。
5. 答：A

   解析：完全竞争市场的概念与特征。
6. 答：B

   解析：垄断市场的进入和退出门槛都是比较高的。
7. 答：A

   解析：寡头市场的特征。
8. 答：B

   解析：垄断竞争市场，厂商也不能完全控制市场价格。
9. 答：A

   解析：市场结构的区分维度考核。
10. 答：A

    解析：完全竞争市场的特点。
11. 答：A

    解析：垄断市场只有一个厂家，这个厂家可以采取调整产量控制价格的方式。

12. 答案:A

    解析:寡头市场的特点。
13. 答案:A

    解析:垄断竞争市场的特点。
14. 答案:A

    解析:寡头市场的特点。
15. 答案:A

    解析:垄断竞争市场的特点。
16. 答案:A

    解析:市场壁垒高,能进入的厂商数量就较少,竞争程度也就比较低。

三、单项选择题

1. 答案:B

    解析:垄断市场的概念。
2. 答案:B

    解析:完全竞争市场的特征。
3. 答案:B

    解析:寡头市场的概念。
4. 答案:C

    解析:完全竞争市场的概念。
5. 答案:B

    解析:垄断竞争市场的特点。
6. 答案:B

    解析:完全竞争市场的特点。
7. 答案:B

    解析:寡头市场的特点。
8. 答案:D

    解析:不同市场结构的判断与区分。
9. 答案:B

    解析:完全竞争市场的价格完全由市场决定。

四、简答题

划分市场结构的标准有哪些?

  答:划分市场结构的标准主要有三个:一是行业内部的生产者数目或企业数目;二是行业内各企业生产者的产品差异程度;三是行业进出的难易程度。

第二节　完全竞争市场

一、名词解释

完全竞争市场:又称纯粹竞争市场或自由竞争市场,是指一个市场中的买卖双方数量众多,单个买方或卖方对市场价格没有影响力,产品完全同质化,买卖双方拥有完全信息,资源可以自由流动的市场。在这种市场中,价格由整个市场的需求和供给决定,单个企业作为价格接受者,无法影响市场价格。

二、判断题

1. **答案:** B

    解析: 在长期均衡中,厂商的总收益(TR)不一定大于总成本(TC),厂商可能实现零经济利润。

2. **答案:** A

    解析: 市场类型的划分标准之一就是市场竞争程度的强弱。

3. **答案:** A

    解析: 在完全竞争市场中,单个厂商面对的是一个完全弹性的需求曲线,因此只能接受市场价格。

4. **答案:** A

    解析: 即使厂商不处于完全竞争的要素市场,只要产品市场是完全竞争的,该厂商仍被视为完全竞争厂商。

5. **答案:** A

    解析: 完全竞争市场的特点。

6. **答案:** A

    解析: 完全竞争市场的特点。

7. **答案:** A

    解析: 企业经济利润为零意味着总收入刚好覆盖总成本,即收支相抵。

8. **答案:** B

    解析: 企业获得经济利润意味着总收入超过了总成本,包括正常利润和超额利润。正常利润是成本的一部分,因此获得经济利润并不一定获得正常利润。

9. **答案:** B

    解析: 在完全竞争市场中,买卖双方信息是对称的,即双方都拥有完全信息。信息不完全是指市场中信息的不充分,这与完全竞争市场的特征相矛盾。

三、单项选择题

1. **答案:** D

    解析: 在边际收益(MR)等于边际成本(MC)的产量上,企业实现了利润最大化或亏损最小化。如果此时有利润,则是最大利润;如果有亏损,则亏损最小。

2. **答案:** C

    解析: 当商品价格等于平均成本时,厂商既没有动力进入也没有动力退出行业,因此既没有新的厂商进入,也没有原有厂商退出。

3. **答案:** C

    解析: 在完全竞争市场上,厂商短期均衡条件是价格(P)等于边际成本(MC),此时厂商实现了利润最大化或亏损最小化。

四、简答题

1. 完全竞争市场的主要特征是什么？

    答：完全竞争市场的主要特征包括：市场上存在大量的买者和卖者；企业生产的产品具有同质性，不存在差别；生产者进出市场不受社会力量的限制；市场交易活动自由、公开，没有人为的限制；市场信息畅通准确，市场参与者充分了解各种情况；各种资源都能够充分地流动。

2. 完全竞争市场与垄断市场的主要区别是什么？

    答：完全竞争市场中买卖双方数量众多，单个买卖双方对市场价格没有影响力，产品完全同质化，资源可以自由流动；而垄断市场中只有一个卖方，对价格有决定性影响，产品具有独特性，资源流动受限。

第三节　垄断市场

一、名词解释

1. **垄断市场**：是指整个行业中只有唯一的厂商的市场组织，排除了任何的竞争因素，垄断厂商控制了整个行业的生产和市场的销售。
2. **垄断厂商**：是指在垄断市场中，唯一的生产厂商和商品销售商。

二、判断题

1. 答案：B

    解析：垄断者不是价格接受者，而是价格制定者，因为他们是市场上唯一的产品或服务提供者，可以影响价格。

2. 答案：A

    解析：垄断市场进入壁垒最常见的来源是垄断者拥有生产那种物品所必需的一种关键资源，这使得其他企业难以进入市场。

3. 答案：A

    解析：垄断者是指市场上没有相近替代品的一种物品的唯一卖者，因此垄断者可以控制价格。

4. 答案：B

    解析：自然垄断是指由于规模经济等原因，一个企业生产某种物品的成本低于多个企业生产时的总成本，而不是把其自然资源所有权作为其市场进入壁垒。

5. 答案：A

    解析：垄断者面临的需求曲线是其物品的市场需求曲线，因为垄断者是市场上唯一的产品或服务提供者。

6. 答案：A

    解析：对于垄断者来说，边际收益总是低于物品的价格，因为为了增加销售量，垄断者必须降低价格，导致边际收益低于当前价格。

7. 答案：A

    解析：垄断者选择边际收益等于边际成本的产量，然后用需求曲线找出将使消费者购买这种数量的价格。
8. 答案：B
   解析：垄断厂商虽然是价格制定者，但其定价也受到市场需求、成本等因素的影响。
9. 答案：B
   解析：当垄断厂商面临的市场需求不足或成本上升时，可能会出现亏损。
10. 答案：B
    解析：并非所有垄断企业都能实行价格歧视，这取决于其市场条件、产品特性等因素。
11. 答案：A
    解析：高固定成本可能导致厂商在短期内亏损，但停产决策通常取决于边际成本和边际收益的比较。

三、单项选择题

1. 答案：D
   解析：垄断市场通常出现在卖方独家控制了某种关键资源或技术的行业，使得其他竞争者难以进入市场。
2. 答案：C
   解析：在垄断市场中，由于只有一个卖者，因此价格由垄断者决定，他们可以根据自己的成本和利润目标来设定价格。
3. 答案：D
   解析：垄断市场的形成原因包括政府授权、专利保护、自然资源稀缺等，而完全竞争市场是与垄断市场相对立的市场结构，其特征是市场上有大量卖者和买者，单个企业无法影响市场价格。
4. 答案：C
   解析：在垄断市场中，由于只有一个卖者，消费者面临的选择有限，价格通常也由垄断者设定，因此价格和产品选择都受到限制。
5. 答案：C
   解析：垄断者通过控制产量和价格来实现利润最大化，他们可以减少产量以提高价格，从而增加利润。
6. 答案：D
   解析：垄断市场中只有一个卖者，因此垄断者不会面临来自其他垄断者的竞争压力。
7. 答案：C
   解析：铁路运输行业由于其高固定成本和规模经济的特点，往往容易形成垄断市场结构，因为建设铁路需要巨额投资，且一旦建成，运营成本较低，难以有新的竞争者进入。
8. 答案：C
   解析：垄断者可以通过设置各种进入壁垒，如专利保护、控制关键资源、政府授权等手段来阻止新进入者，以保持其垄断地位。
9. 答案：A
   解析：在完全竞争市场中，由于价格等于边际成本，消费者剩余最大化。而在垄断市场中,由于垄断者设定的价格高于边际成本,消费者剩余减少。
10. **答案**:B

    解析:垄断者为了维持高价,通常会减少产量,从而减少市场上的供给,使得价格保持在较高水平。
11. **答案**:C

    解析:垄断者面对的需求弹性相对较小,因为垄断者是市场上唯一的卖者,消费者对价格变化的反应较小,需求相对不那么弹性。
12. **答案**:D

    解析:价格歧视是指垄断者对不同的消费者、不同的市场或不同的购买数量收取不同的价格,以实现利润最大化。
13. **答案**:D

    解析:政府通常会对垄断者进行价格监管、产量监管和质量监管,以防止垄断者滥用市场力量,保护消费者利益。

四、简答题

1. 垄断市场的特征是什么?

    答:垄断市场的特征包括:市场中只有一个卖者而消费者众多,产品是独一无二的或具有明显差异,进入壁垒高,垄断者具有价格制定能力,需求曲线向下倾斜。
2. 垄断厂商如何实现价格歧视?

    答:垄断厂商实现价格歧视的方法包括:对不同消费者群体设置不同价格,对不同时间段或不同购买量设置不同价格,以及通过产品差异化来实现价格歧视。
3. 垄断的定义及原因。

    答:垄断,即市场上仅有一家企业的独占状态,其产量占有率高达百分之百。依据垄断形成的根源,可将其细化为资源垄断、特许垄断、专利垄断及自然垄断等四种主要类型。
4. 请阐述一级价格歧视、二级价格歧视和三级价格歧视。

    答:一级价格歧视,也称作完全价格歧视。其核心在于,垄断企业针对每一单位产品,均按照消费者所愿意支付的最高价格进行销售,即价格设定完全贴合消费者的支付意愿。

    二级价格歧视并非针对每一单位产品单独定价,而是将全部产品划分为若干批次或组别,并针对每一批次或组别按照消费者的边际支付意愿来设定价格。

    三级价格歧视是实践中最为常见的价格歧视形式,其核心理念在于,针对不同需求价格弹性的消费群体,实施差异化的定价策略。

第四节　垄断竞争

一、名词解释

1. **垄断竞争**:是指有许多厂商在市场上销售近似但不完全相同的产品。
2. **垄断竞争市场**:是指一个市场中有许多厂商生产和销售有差别的同种产品的市场组织。在垄断竞争市场中,既存在垄断因素也存在竞争因素,各厂商生产的产品虽有差别,但彼此间都是非常接近的替代品。

二、判断题

1. 答案：A

   解析：垄断竞争市场的特点。

2. 答案：A

   解析：垄断竞争市场的门槛限制较少，主要来源于比如法律对竞业行为的规定等。

3. 答案：B

   解析：垄断竞争市场中不同企业生产的产品是有差别的。

4. 答案：B

   解析：产品的差异不仅源于产品客观属性的不同，还可能包括品牌、服务、营销等方面的差异。

5. 答案：A

   解析：垄断竞争市场的一个特点是互不依存。

6. 答案：B

   解析：长期来看，垄断竞争厂商难以保持超额利润，超额利润为0。

7. 答案：B

   解析：完全竞争市场中的价格竞争通常更为激烈，因为每个厂商都是价格的接受者。

8. 答案：A

   解析：产品的差别越大，厂商对自己的产品的价格就具有一定的垄断力量，从而使得市场中带有垄断的因素。

9. 答案：B

   解析：由于产品差异和垄断因素的存在，垄断竞争市场在资源配置上通常无法达到最佳状态。

三、单项选择题

1. 答案：C

   解析：垄断竞争市场是指一个市场中有许多厂商生产和销售有差别的同种产品，每个厂商对其产品的价格有一定程度的控制，市场进入和退出相对比较容易。铁路和通信行业一般由少数几家大公司控制，接近于寡头市场；汽油行业虽然有多家厂商，但产品差异不大，接近于完全竞争市场或寡头市场；手机市场存在大量厂商，各品牌手机在功能、设计等方面存在差异，且进入和退出市场相对容易，因此属于垄断竞争市场。

2. 答案：C

   解析：垄断竞争市场的特征是行业中有大量企业，每个企业生产或销售有差别的产品，但这些产品之间存在一定的替代性。

3. 答案：D

   解析：在垄断竞争市场上，当需求富于弹性时，即需求对价格变动的反应敏感，厂商降价能大幅增加销量，从而提高总收入。此时，价格下降的幅度小于销量增加的幅度，导致边际收益（额外一单位销量带来的额外收入）大于价格下降的幅度，即边际收益与价格之间的差额较小。

4. **答案**:B

   解析:在垄断竞争市场上,由于产品存在差异,厂商面临的需求曲线是向右下方倾斜的。这意味着随着销量的增加,价格必须下降才能吸引更多消费者。因此,边际收益(最后一单位销量带来的额外收入)通常小于平均收益(总收益除以总销量)。

5. **答案**:D

   解析:垄断竞争市场的特点包括厂商众多、进出行业容易、厂商之间互不依存以及产品之间存在差异但可以替代。

6. **答案**:C

   解析:垄断竞争厂商实现长期均衡的条件是边际收益等于边际成本,且平均收益等于平均成本。这意味着厂商在最大化利润的同时,没有亏损也没有超额利润,达到了长期均衡状态。

7. **答案**:C

   解析:在垄断竞争市场上,由于产品存在差异且进入和退出市场相对容易,企业可以自由进入和退出市场是最有可能出现的情况。

8. **答案**:A

   解析:完全竞争市场能更充分地利用资源,因为在这种市场上,价格由市场供求关系决定,每个厂商都是价格的接受者,无法通过控制产量或价格来影响市场。这使得资源能够自动流向效率最高的用途。而在垄断竞争市场上,由于产品差异和厂商对价格的一定控制力,资源可能无法得到最充分的利用。

四、简答题

1. 垄断竞争市场的特点是什么?

   答:垄断竞争市场的主要特点是,在生产集团中有大量的企业生产有差别的同种产品,这些产品彼此之间都是非常接近的替代品。一方面,由于市场上的每种产品之间存在着差别,每个厂商对自己的产品的价格都具有一定的垄断力量;另一方面,由于有差别的产品相互之间又是很相似的替代品,每一种产品都会遇到大量其他的相似产品与之竞争。

2. 垄断竞争厂商面临的需求曲线有几种?分别代表什么?

   答:垄断竞争厂商面临两类需求曲线,通常被称为 d 曲线和 D 曲线。需求曲线 d 表示,在垄断竞争生产集团中,当其他厂商的产品价格均保持不变时,若某一厂商对产品价格做出调整,产品价格和销售量之间的变化关系。需求曲线 D 表示,在垄断竞争生产集团中,当所有厂商也使产品价格发生相同变化时,其中做出调整的某一厂商该产品价格和销售量的变化关系。

第五节 寡 头

一、名词解释

1. **寡头**:又称为寡头垄断市场,它是指少数几家厂商控制整个市场的产品的生产和销售的这样一种市场组织。寡头市场具有厂商数量少、厂商相互依存、价格稳定、厂商进出不易的特征。

2. **卡特尔**:当数个企业达成公开或正式协议,旨在掌控整个市场以实现利润最大化及产量和价格的协调时,这些企业的集合便称为卡特尔。

二、判断题

1. **答案**:A

   解析:寡头市场的概念。

2. **答案**:B

   解析:寡头市场中,厂商之间既有竞争又会相互合作。

3. **答案**:A

   解析:寡头市场的特点。

4. **答案**:B

   解析:寡头垄断市场上通常只有几家厂商,所占市场份额往往很高,对市场的产量和价格均有较大的控制力。

5. **答案**:B

   解析:寡头市场的特征之一是少数几个卖者提供相似或相同的产品。

6. **答案**:B

   解析:在卡特尔模型中,各成员厂商会按照共同利益最大化而制定的价格出售产品,但由于不同厂商的成本函数不一样,不能确保每个厂商都生产相等的产量。

7. **答案**:A

   解析:寡头垄断市场厂商前期需要投入较大的资本,且生产规模都比较大,所以往往在资金、技术、生产和销售等方面占有绝对优势,其他新厂商想要进入十分困难。

三、单项选择题

1. **答案**:D

   解析:寡头市场是指市场上只有少数几家厂商交易产品,且交易的产品都大同小异的市场。选项中最接近于寡头市场的是电力市场。电力市场通常由少数几家大型电力公司控制,产品(电力)同质化程度高,符合寡头市场的特征。

2. **答案**:B

   解析:在寡头市场上,由于厂商之间可以进行勾结,所以,它们可以通过公开或秘密的方式达成某种协议,使整个行业的产量或价格维持在一个较高的水平,从而使厂商获得较高的利润。这种行为被称为卡特尔。卡特尔是指多个独立的厂商之间为了控制产量和价格而达成的协议或联盟。

3. **答案**:D

   解析:在寡头市场上,当一个厂商提高价格时,行业中的其他厂商都不会跟着改变自己的价格,因而提价的厂商的销售量减少是很多的,所以,这种厂商一般不会轻易提价。这种描述的现象是斯威齐模型。斯威齐模型描述了寡头市场中厂商在价格竞争上的行为,即厂商在降价时竞争对手会跟随降价,而在提价时竞争对手则不会跟随,导致提价的厂商销售量大幅下降。
4. 答案:A

解析:寡头垄断市场上,厂商之间存在相互依存的关系,每个厂商的决策都会影响其他厂商的决策。

5. 答案:C

解析:寡头垄断是指市场上只有少数几家厂商控制了大部分的市场份额,这些厂商之间存在相互依存的关系,每个厂商的决策都会影响其他厂商的决策。由于产品需求曲线是弯折的,说明市场上的价格和产量不是完全由市场机制决定的,而是由少数几家大厂商的相互作用决定的,这正是寡头垄断市场的特点。

6. 答案:A

解析:寡头市场上,由于厂商数量较少,每个厂商的决策都会对其他厂商产生较大影响,因此市场上的均衡状态很难维持。厂商对市场需求的变化和竞争对手的行动都相当敏感,这导致了市场的不确定性,即厂商很难预测其他厂商的行为和市场均衡的稳定性。

7. 答案:B

解析:寡头市场上,由于厂商数量较少,每个厂商的市场份额较大,因此每个厂商的行为都会对整个市场产生较大的影响。这种现象说明市场集中度高,即市场上的产量和市场份额集中在少数几家大厂商手中。

8. 答案:A

解析:在寡头市场上,厂商之间为了维持整个行业的利润水平,往往存在着一定的勾结或协议。这种现象被称为卡特尔,即多个独立的厂商之间为了共同的利益而达成的协议,通过限制产量、设定价格等手段来控制市场,以获得更高的利润。

四、简答题

1. 什么是寡头市场?

答:寡头市场又称为寡头垄断市场,是指少数几家厂商控制整个市场的产品的生产和销售的一种市场组织。寡头市场被认为是一种较为普遍的市场组织,形成寡头市场的主要原因有生产的规模经济、行业中几家企业对某些基本生产资源供给的控制、政府的扶持等。

2. 寡头市场的特征有哪些?

答:寡头市场的特征包括:一是市场厂商数量少,少数几家厂商控制整个市场的产品的生产和销售;二是市场形成原因与完全垄断市场相似,如生产的规模经济、对生产资源供给的控制、政府的扶持等;三是可以有不同的分类,根据产品特征可分为纯粹寡头行业和差别寡头行业,根据厂商行动方式可分为有勾结行为(合作)和独立行动(不合作)类型;四是寡头厂商的价格和产量的复杂,每个寡头厂商的利润都要受到行业中所有厂商的决策的相互作用的影响。

第二部分 管理学基础

第五章 管理与管理理论

第一节 管理的内涵

一、名词解释

1. **管理**：是指为了有效地实现组织目标，由管理者利用相关知识、技术和方法对组织活动进行决策、组织、领导、控制并不断创新的过程。
2. **决策**：是组织在未来众多的行动可能中选择一个比较合理的方案的过程。
3. **组织**：是指为了保证决策活动的有效实施，管理者根据目标活动的要求，进行合理的职务设计、机构设计、结构设计，并进行合理的人员安排的过程。
4. **领导**：是指利用组织赋予的权力和自身的能力去指挥和影响下属为实现组织目标而努力工作的过程。
5. **创新**：是指随着对客观世界认识能力的提升，不断改进活动方法、优化组织活动与人的安排的过程。

二、判断题

1. **答案**：B
   解析：管理活动自古有之，但"管理"的含义从不同角度可以有不同的理解，且随着时代和文化的变化而变化。

2. **答案**：B
   解析：管理的目的是有效地实现组织预定的目标，管理本身不是目的，而是为组织目标的有效实现服务的。

3. **答案**：B
   解析：管理的主体是具有专门知识、利用专门技术和方法来进行专门活动的管理者，管理者是一种专门的职业，不是任何人都可以成为管理者的。

4. **答案**：B
   解析：管理的客体是组织活动及其参与要素，组织需要通过特定的活动来实现其目标，活动的过程是不同资源的消耗和利用的过程。

5. **答案**：B
   解析：管理是一个包括多阶段、多项工作的综合过程，包括决策、组织、领导、控制以及创新等一系列工作。

6. **答案**：B
   解析：决策是组织在未来众多的行动可能中选择一个比较合理的方案，需要研究组织活动的内外部背景，包括外部环境特征及其变化趋势，以及企业内部资源状况和能力。

7. **答案**：B
   解析：组织设计包括职务设计、机构设计和结构设计，以确保决策活动的有效实施，并实现人岗匹配。

8. **答案**：A

   解析：领导是指利用组织赋予的权力和自身的能力去指挥和影响下属为实现组织目标而努力工作的管理活动过程。

9. **答案**：B

   解析：控制工作包括根据预先制定的标准检查和监督各部门、各环节的工作,判断工作结果与目标要求是否相符,并分析偏差产生的原因以及偏差产生后对目标活动的影响程度。

10. **答案**：B

    解析：创新职能涉及组织内部的活动技术与方法的不断变革,组织活动与人的安排的不断优化,以及组织活动的方向、内容与形式选择的不断调整。

三、单项选择题

1. **答案**：C

   解析：从字面上看,"管理"一词有两层含义,一个是"管"的层面,另一个是"理"的层面。

2. **答案**：C

   解析：管理的目的是有效地实现组织预定的目标,管理本身不是目的,而是为组织目标的有效实现服务的。

3. **答案**：C

   解析：管理的主体是具有专门知识、利用专门技术和方法来进行专门活动的管理者。

4. **答案**：A

   解析：管理的客体是组织活动及其参与要素,包括组织需要通过特定的活动来实现其目标,活动的过程是不同资源的消耗和利用的过程。

5. **答案**：C

   解析：管理是一个包括多阶段、多项工作的综合过程,包括决策、组织、领导、控制以及创新等一系列工作。

6. **答案**：B

   解析：决策是组织在未来众多的行动可能中选择一个比较合理的方案,管理者首先要研究组织活动的内外部背景。

7. **答案**：D

   解析：组织设计包括职务设计、机构设计和结构设计,不包括员工培训。

8. **答案**：A

   解析：领导是指利用组织赋予的权力和自身的能力去指挥和影响下属为实现组织目标而努力工作的管理活动过程。

9. **答案**：D

   解析：控制工作包括检查和监督工作、分析偏差产生的原因以及实施纠正偏差的措施,但不涉及设计组织结构。

10. **答案**：A

    解析：创新职能主要实现组织内部的活动技术与方法的变革,组织活动与人的安排的优化,以及组织活动的方向、内容与形式选择的调整。

四、简答题

1. 简述管理的四个基本特征。

答:管理的四个基本特征包括:(1)管理的目的是有效地实现组织预定的目标;(2)管理的主体是具有专门知识利用专门技术和方法来进行专门活动的管理者;(3)管理的客体是组织活动及其参与要素;(4)管理是一个包括多阶段、多项工作的综合过程。

2. 解释为什么管理不仅仅是决策。

答:管理不仅仅是决策,因为管理包括了决策、组织、领导、控制以及创新等一系列工作。虽然决策在管理中占有重要地位,但管理者还需要组织决策的实施,激发组织成员的工作热情,追踪决策的执行进展,并根据内外环境的变化进行决策调整。

3. 描述管理的基本特征之一——管理的目的。

答:管理的基本特征之一是其目的,即有效地实现组织预定的目标。管理本身不是目的,而是作为工具或手段服务于组织目标的有效实现。这里的"有效"指的是通过较少的资源消耗来达成目标。

4. 解释管理的主体指的是什么,并说明为什么不是任何人都可以成为管理者。

答:管理的主体是具有专门知识、利用专门技术和方法来进行专门活动的管理者。管理者是一种专门的职业,不是任何人都可以成为管理者的,因为只有具备一定素质和技能的人,才有可能从事管理工作。

5. 简述管理工作内容中的"领导"工作包含哪些方面。

答:管理工作中的"领导"工作包括利用组织赋予的权力和自身的能力去指挥和影响下属为实现组织目标而努力工作。这要求管理人员在合理的制度环境中,利用优秀的素质,采用适当的方式,针对组织成员的需要及特点,采取一系列措施去提高和维持组织成员的工作积极性。

6. 描述管理中的"创新"职能是如何实现组织活动的变革和优化的。

答:管理中的"创新"职能通过不断变革组织内部的活动技术与方法、优化组织活动与人的安排,以及调整组织活动的方向、内容与形式来实现组织活动的变革和优化。这些变革、优化和调整是为了适应外部环境和内部资源的变化,以及管理者对资源与环境认识的改变。

五、案例分析题

(1)该公司在管理过程中忽视了管理的基本特征,分析如下:

①目的性:公司可能未能有效地将管理活动与实现组织预定目标紧密结合,导致资源消耗与目标实现之间的转化效率不高。

②主体性:可能缺乏具有专门知识和技能的管理者来领导和管理新产品的市场推广和内部运营。

③客体性:可能未能充分研究和利用各种资源,或者未能合理地安排组织的目标活动,导致资源浪费。

④综合性:可能过于侧重于某一个管理阶段(如产品开发),而忽视了其他同样重要

的阶段(如市场分析和客户反馈)。

(2)改进建议如下:

　　①决策:管理者应进行全面的市场和内部资源分析,识别产品未达预期销量的内外部原因,制定基于数据驱动的决策。

　　②组织:重新设计职位系统和部门结构,确保人岗匹配,优化资源配置,提高组织效率。

　　③领导:通过激励和培训,提高员工的工作积极性和能力,确保团队成员对公司目标的认同和投入。

　　④控制:建立有效的监控系统,及时跟踪产品销量和市场反馈,对偏离目标的行为进行调整。

　　⑤创新:鼓励创新思维,不断改进产品和市场策略,适应市场变化,优化活动方法和技术。

第二节　管理的本质

一、名词解释

1. **管理的科学性**:是指管理经过研究、探索和总结,形成了一套比较完整的反映管理过程客观规律的理论知识体系,为指导管理实践提供了基本的原理、原则和方法。
2. **管理的艺术性**:是指管理者在运用管理学的理论知识解决实际问题时所形成的解决问题的方法或诀窍,强调管理的实践性。

二、判断题

1. 答案:A

   解析:管理的本质从某种意义上说是对组织成员在活动中的行为进行协调,以确保他们的行为与组织目标一致。

2. 答案:B

   解析:管理是对个体及其行为的管理,但其最终目的是达成对事的管理,即实现组织的目标。

3. 答案:A

   解析:组织成员的行为能够被有效协调的前提是他们愿意接受这种协调,并且他们的行为具有一定程度的可协调性。

4. 答案:B

   解析:由于认知和行动能力的限制,个人在参与组织活动中表现出的行为不一定完全符合组织的要求,管理者需要引导这些行为,使之与组织的目标要求相一致。

5. 答案:A

   解析:管理的科学性表现在经过近一个世纪以来的研究、探索和总结,已经逐步形成了一套比较完整的理论知识体系,称为管理学。

6. 答案:A

   解析:管理的艺术性强调的是管理的实践性,即管理者运用管理学的理论知识解决实际问题时所形成的解决问题的方法或诀窍。

7. 答案:B

解析:管理工作是科学性与艺术性的有机统一,管理过程需要科学合理地运用管理理论和管理工具,而管理实践过程中体现出艺术性的特征。

8. 答案:B

解析:管理活动的有效性在很大程度上取决于管理者能否艺术地运用以及在何种程度上艺术地运用那些科学的理论、手段和方法,而不仅仅是科学地运用。

三、单项选择题

1. 答案:C

解析:管理的本质从某种意义上说是对组织成员在活动中的行为进行协调,以确保他们的行为与组织目标一致。

2. 答案:B

解析:管理者的主要工作是用对的人做对的事,并努力使这些人在做事时表现出符合组织需要的行为。

3. 答案:B

解析:组织成员的行为能够被有效协调的前提是他们愿意接受这种协调,而且他们的行为具有一定程度的可协调性。

4. 答案:C

解析:由于认知和行动能力的限制,个人在参与组织活动中表现出的行为不一定完全符合组织的要求。

5. 答案:C

解析:管理的科学性表现在已经逐步形成了一套比较完整的、反映管理过程客观规律的理论知识体系。

6. 答案:B

解析:管理的艺术性强调的是管理的实践性,即管理者运用管理学的理论知识解决管理实践中遇到的问题时所形成的解决问题的方法或诀窍。

7. 答案:C

解析:管理工作是科学性与艺术性的有机统一,意味着管理过程需要科学合理地运用管理理论和管理工具,而管理实践过程中体现出艺术性的特征。

8. 答案:B

解析:管理活动的有效性在很大程度上取决于管理者能否艺术地运用以及在何种程度上艺术地运用那些科学的理论、手段和方法。

四、简答题

1. 描述管理的本质。

答:管理的本质是对组织成员在活动中的行为进行协调。管理首先是对人或人的行为的管理,因为任何活动都是由人来完成的,活动的选择和组织实施都是人的行为。组织成员的行为能够被有效协调的前提是他们愿意接受这种协调,并且他们的行为具有一定程度的可协调性。
2. 解释管理者如何通过对人的管理来达成对事的管理。
    答:管理者通过对人的管理来达成对事的管理,主要工作是用对的人做对的事,并努力使这些人在做事时表现出符合组织需要的行为。这意味着管理者需要选择合适的人员,赋予他们适当的任务,并确保他们的行为和成果符合组织的目标和需求。
3. 描述管理的科学性。
    答:管理的科学性表现在已经逐步形成了一套比较完整的、反映管理过程客观规律的理论知识体系,为指导管理实践提供了基本的原理、原则和方法。这种指导管理实践的科学称为管理学。
4. 描述管理的艺术性。
    答:管理的艺术性强调的是管理的实践性,即管理者运用管理学的理论知识解决管理实践中遇到的问题时所形成的解决问题的方法或诀窍。它是管理者在具体情境中灵活运用管理理论和工具的能力。
5. 说明管理工作中科学性与艺术性的有机统一如何影响管理活动的有效性。
    答:管理工作是科学性与艺术性的有机统一,管理过程需要科学合理地运用管理理论和管理工具,而管理实践过程中体现出艺术性的特征。管理活动的有效性在很大程度上取决于管理者能否艺术地运用以及在何种程度上艺术地运用那些科学的理论、手段和方法。

五、案例分析题

(1)问题分析如下:
    ①对人或人的行为的管理:企业可能忽视了对个体行为的管理,未能确保员工的行为与组织目标一致。员工感到管理体系未能充分发挥他们的能力,可能是因为管理者未能正确识别和利用员工的特长,或者未能激发员工的积极性。
    ②对人的行为进行协调:由于员工对工作流程和管理体系感到不满,可能存在认知和行动能力的差异所导致的行为不平衡。管理者需要识别这些差异,并协调员工的行为,使他们的贡献更加平衡,以提高整体的生产效率。
    ③管理的科学性:企业可能未能充分利用管理学的理论知识来指导实践。可能缺乏对管理过程客观规律的理解和应用,导致无法科学地优化工作流程和管理体系。
    ④管理的艺术性:企业可能缺乏管理的艺术性,即在实践中灵活运用管理理论和工具的能力。管理者需要根据员工的反馈、市场变化和组织目标,艺术地调整管理策略。
(2)改进措施如下:
    ①优化管理体系:根据管理学的理论知识,重新设计工作流程和管理体系,确保它们能够充分发挥员工的能力,并提高生产效率。
    ②增强沟通和参与:通过增加员工参与决策的机会,提高他们对管理体系的接受度和满意度,从而提高他们的行为协调性。
    ③培训和发展:为管理者提供培训,提高他们科学运用管理理论和工具的能力,以及在实践中艺术地调整管理策略的能力。

④激励和认可:设计激励机制,认可员工的贡献,提高员工的士气和工作积极性。

⑤持续改进:建立持续改进的文化,鼓励管理者和员工不断寻找提高效率和效果的方法。

第三节　管理的基本原理

一、名词解释

1. **人本原理**:是指在管理活动中以人为主体的思想,强调组织的主体是职工,管理要为人服务,职工参与是有效管理的关键,管理的目标之一是促进人的全面发展。它要求管理既是"依靠人的管理",也是"为了人的管理",重视管理的人性亿和组织成员的个人发展。

2. **系统原理**:是指在管理实践活动中,运用系统论的基本思想和方法指导实践,解决和处理问题。它强调管理活动是一个多元、多级的复杂系统,要求管理者在解决问题时考虑局部与整体、内部与外部、目前与未来的综合影响,并明确不同管理层次的职责和任务。

3. **效益原理**:是指现代管理的基本目标在于获得最佳管理效益,即创造出更多的经济效益,实现更好的社会效益。它要求管理活动始终围绕系统的整体优化目标,通过不断提高效益,使投入的资源得以充分、合理、有效地利用,从而产出最佳的管理效益。

4. **适度原理**:是指在管理活动中,管理者在处理组织内部的矛盾、协调各种关系时要把握好度。它要求在相互对立的选择中找到最恰当的点,进行适度管理,实现适度组合,以避免过宽或过窄、过大或过小、完全集中或绝对分散的极端情况。

二、判断题

1. 答案:B

   解析:人本原理不仅强调效率,更强调人的全面发展和组织成员的社会价值实现。

2. 答案:B

   解析:系统原理认为每个问题都是系统中的问题,需要考虑对直接相关的人和事的影响,以及对其他相关因素的影响。

3. 答案:A

   解析:效益原理追求以较少的资源消耗去实现组织的既定目标,即追求资源的最优利用。

4. 答案:B

   解析:适度原理要求在权力分配上找到最恰当的点,既不能完全集中,也不能绝对分散。

5. 答案:B

   解析:"依靠人的管理"强调员工参与管理,而不是完全依赖员工来制定所有决策。

6. 答案:A

   解析:层次观点要求各管理层次职责清楚、任务明确,并在实践中各司其职。

7. 答案:B

   解析:效益原理与资源消耗的高低直接相关,正确的方法可以导致资源的合理配置和充分利用。

8. 答案:B

解析:适度原理认为管理活动中存在许多相互矛盾的选择,需要在两个极端之间找到最恰当的点。

9. 答案:B

   解析:开发观点强调组织与环境的交互作用,管理者应通过活动改造和开发环境。

10. 答案:B

    解析:人本原理强调根据人的特性进行管理,重视管理的人性化。

三、单项选择题

1. 答案:C

   解析:人本原理关注的是人的发展和组织成员的价值实现,而不是直接关注市场占有率的增加。

2. 答案:C

   解析:开发观点强调管理者应该不仅适应环境变化,还应通过自己的活动去改造和开发环境。

3. 答案:B

   解析:"做正确的事"是指活动的方向和目标正确,"用正确的方法做事"是指使用正确的方法来实现这些目标。

4. 答案:C

   解析:适度原理强调在权力分配等管理活动中找到平衡点,进行适度管理。

5. 答案:C

   解析:层次观点要求不同层次的管理者有明确的职责和任务,并在实践中各司其职。

6. 答案:C

   解析:"为了人的管理"强调管理的根本目的是为人服务,包括实现组织成员的个人发展。

7. 答案:C

   解析:效益原理强调通过不断提高效益,使资源得以充分、合理、有效的利用,以实现系统的整体优化。

8. 答案:C

   解析:适度原理要求管理者在业务活动范围的选择上不能过宽也不能过窄,需要找到最恰当的点进行适度管理。

四、简答题

1. 请解释人本原理中"依靠人的管理"和"为了人的管理"的含义。

   答:"依靠人的管理"指的是管理过程中强调组织成员参与管理活动,包括参与组织活动方向、目标以及内容的选择、实施和控制,同时根据人的特性进行管理,重视管理的人性化。"为了人的管理"则指管理的根本目的是服务于人,不仅提高组织业务活动的效率,满足服务对象的要求,而且通过管理工作实现组织成员的社会价值和促进个人发展。

2. 系统原理在管理中的重要性是什么?

   答:系统原理在管理中的重要性体现在它要求管理者将组织视为一个由多个相互依

存、相互作用的要素组成的有机整体。管理者需要从整体和多元的角度出发,理解和处理组织中的问题,确保组织的各个部分协调一致,以实现组织目标。

3. 效益原理如何指导管理者实现资源的最优利用?

答:效益原理指导管理者通过追求组织活动的效益,即以较少的资源消耗实现组织的既定目标,来实现资源的最优利用。这要求管理者始终围绕系统的整体优化目标,通过不断提高效益,使投入的资源得以充分、合理、有效地利用,从而产出最佳的管理效益。

4. 适度原理在管理中扮演什么角色?

答:适度原理在管理中要求管理者在处理组织内部的矛盾和协调各种关系时把握好度的问题。管理者需要在相互对立的选择中找到最恰当的点,进行适度管理,实现适度组合,以避免过宽或过窄、过大或过小、完全集中或绝对分散的极端情况。

5. 简述管理的四个基本原理。

答:管理的基本原理是管理者在组织管理活动的实践中必须依循的基本规律。这些规律主要有人本原理、系统原理、效益原理以及适度原理。

五、案例分析题

(1)管理原理的应用分析如下:

①人本原理的应用:

依靠人的管理:公司应该鼓励员工参与到决策过程中,特别是在涉及工作流程和工作环境的改善上。通过鼓励员工参与,可以提高他们对管理决策的认同感和归属感,从而提高工作积极性和效率。

为了人的管理:公司需要关注员工的个人发展和职业规划,提供培训和发展机会,帮助员工实现自我价值,同时促进公司的长期发展。

②系统原理的应用:

整体与部分的关系:公司需要确保在解决局部问题时,考虑到对整体的影响,例如在优化工作流程时,要考虑到不同部门之间的协调和合作。

层次管理:明确不同管理层级的职责和任务,确保信息流通顺畅,避免越权指挥或请示,保持管理的清晰和高效。

开发观点:公司应主动适应外部市场环境的变化,并尝试通过创新活动引导市场发展,而不是被动适应。

③效益原理的应用:

资源优化:公司应评估和优化资源配置,确保人力、财力、物力等资源得到充分利用,减少浪费,提高效益。

正确的事情与方法:公司需要确保管理层和员工都具备"做正确的事"和"用正确的方法做事"的能力,这可能涉及改进决策流程和工作方法。

④适度原理的应用:

平衡矛盾:在业务活动范围、管理幅度和权力分配等方面找到合适的平衡点,避免极端,实现适度管理。

灵活调整:根据内外部环境的变化,灵活调整管理策略,以适应不断变化的需求。

(2) 改进建议如下：
①增强员工参与：通过员工调查、工作坊和团队会议，让员工参与到管理决策中，提高他们的参与感和满意度。
②明确职责和任务：重新审视组织结构，确保每个层级的管理者都清楚自己的职责和任务。
③资源重新配置：对现有资源进行审计，优化配置，确保资源得到最有效的利用。
④培训和发展：为员工提供必要的培训和发展机会，提升他们的技能和职业发展路径。
⑤灵活的战略规划：制定灵活的战略规划，以适应市场变化，并引导公司朝着有利于长期发展的方向前进。

第四节 古典管理理论

一、名词解释

1. **古典管理理论**：是指19世纪末20世纪初形成的一系列管理理论，主要包括泰勒的科学管理、法约尔的一般管理和韦伯的理想科层组织体系。这些理论采用当时所掌握的科学方法和科学手段对生产过程的管理手段和方法进行探讨和试验，奠定了古典管理理论的基础，形成了一些以科学方法为依据的原理和方法。

2. **科学管理理论**：是由美国的弗雷德里克·泰勒首先提出，其被称为"科学管理之父"。该理论认为，科学管理的根本目的是谋求提高劳动生产率，使用科学管理方法代替原有经验管理是达到最高工作效率的重要手段。

3. **差别计件工资制**：是泰勒提出的科学管理理论中的一个重要组成部分，它是一种工资制度，其中工人的工资根据其完成的工作量与预定的定额相比较来确定。如果工人的产量未达到定额，则按较低的工资率支付；如果完成或超过定额，则按较高的工资率支付。

4. **职能工长制**：泰勒提出的科学管理理论中的一个概念，主张将管理工作细分，每个管理者只承担其中的一两项工作。泰勒认为，当时通常由车间主任完成的工作应该由八个职能工长来承担，每个职能工长只负责某一方面的工作，在其职能范围内可以向工人发布命令。

5. **例外管理**：是泰勒提出的科学管理理论中的一个重要原则，指的是企业的上级主管把一般的日常事务授权给下级管理人员去处理，而自己保留对例外事项或重要问题的决策与监督权。

6. **劳动分工**：是指实行劳动专业化分工以提高效率，这不仅适用于技术工作，也适用于管理工作。

7. **统一指挥**：在任何活动中，一个人只能接受一个上级的命令。

8. **等级链与跳板原则**：等级链是指企业管理中的等级制度，显示出执行权力的路线和信息传递的渠道。跳板原则允许并行的相邻部门直接协商解决问题，只有在不能达成协议时才向上级报告。

9. **法理型权力**：其依据是对标准规则模式的合法化的信念，或对那些按照标准规则被提升到指挥地位的人的权力的信念,这是一种理性的、合法的、明确的权力。
10. **理想的科层组织体系**:科层组织也称为官僚组织或官僚政治,是一种基于公职或职位而非世袭或个人魅力进行管理的组织制度。它依据行政方式控制机构的目标,将日常活动作为正式职责分配,权力按稳定方式授予,并规定行使权力的方法。这种组织体系强调精确性、稳定性、纪律性和可靠性,适用于各种管理工作及大型组织。
11. **传统型权力**:是建立在对习惯和古老传统的神圣不可侵犯性要求之上的权力形式。这种权力通常由族长或部落首领行使,臣民或族人的服从基于对神圣习惯的认同和尊重。
12. **个人魅力型权力**:是建立在对某个具有超凡魅力的英雄人物或领导者的个人崇拜基础之上的权力。这种权力的维持依赖于领导者能够使其追随者确信其具有特殊品质或神赋能力。

二、判断题

1. **答案**:A
   解析:古典管理理论的发展确实是管理学作为一门科学开始形成的重要标志,它引入了科学方法和科学手段来探讨和试验管理手段和方法。
2. **答案**:B
   解析:泰勒认为管理者和员工在精神和思想层面的彻底变革是实施科学管理的核心问题,因此提高劳动生产率与他们的精神和思想变革密切相关。
3. **答案**:B
   解析:差别计件工资制实际上是根据工人完成的工作量与预定的定额相比较来确定工资,未完成定额的按低工资率付给,完成并超过定额的按高工资率付给。
4. **答案**:A
   解析:泰勒确实主张在企业中设置计划部门,将计划职能和执行职能分开,这样做的目的是改进工人的作业方法,提高劳动生产率。
5. **答案**:B
   解析:泰勒提出的职能工长制实际上是将管理工作细分,每个管理者只承担其中的一两项工作,而不是全部管理工作。
6. **答案**:B
   解析:例外管理原则是指企业的上级主管把一般的日常事务授权给下级管理人员去处理,而自己保留对例外事项或重要问题的决策与监督权,并不是完全不参与日常事务的处理。
7. **答案**:B
   解析:虽然古典管理理论强调科学方法和效率,但泰勒的科学管理理论中也包含了对人的因素的关注,如差别计件工资制和职能工长制等,这些都涉及对人的管理。
8. **答案**:B
   解析:科学管理理论并非泰勒一个人的贡献,正如英国管理学家林德尔·厄威克所指出的,泰勒所做的工作是把整个19世纪在英美两国产生、发展起来的东西加以综合,形成一整套思想。他使一系列无条理的首创事物和实验有了一个哲学体系,称之为"科学管理"。

9. **答案**:B

   解析:法约尔区分了经营和管理,认为管理是经营的一部分。

10. **答案**:A

    解析:技术活动包括生产、制造和加工,是经营活动的一部分。

11. **答案**:B

    解析:法约尔认为管理活动包括计划、组织、指挥、协调和控制。

12. **答案**:A

    解析:劳动分工原则强调实行劳动专业化分工可以提高效率。

13. **答案**:B

    解析:法约尔认为权力与责任是互为依存、互为因果的。

14. **答案**:A

    解析:法约尔认为纪律是领导人创造的,涉及服从、勤勉、积极等方面。

15. **答案**:B

    解析:统一指挥原则强调一个人在任何活动中只能接受一个上级的命令。

16. **答案**:B

    解析:个人利益服从集体利益原则强调集体目标应包含员工个人目标。

17. **答案**:B

    解析:合理的报酬原则强调薪金制度应公平,对工作成绩优良的员工应有奖励。

18. **答案**:B

    解析:提高下属重要性的做法是分权,降低这种重要性的做法是集权。

19. **答案**:B

    解析:跳板原则允许部门之间直接协商解决问题,但若协商不成,则需要上级介入。

20. **答案**:B

    解析:秩序原则要求设备和工具有序排列,人员有确定的位置。

21. **答案**:B

    解析:公平原则是由善意和公道产生的,而公道是执行已订立的协定。

22. **答案**:A

    解析:人员不必要的流动是管理不善的原因和结果。

23. **答案**:A

    解析:创新精神是创立和推行计划的动力,是法约尔提出的管理原则之一。

24. **答案**:B

    解析:法约尔认为人员的团结是企业发展的巨大力量。

25. **答案**:A

    解析:韦伯确实将个人魅力型权力定义为建立在对某个具有超凡魅力的英雄人物的个人崇拜基础之上的权力。

26. 答案:B

解析:韦伯指出,在理想的科层组织体系中,执行职责所需要的权力是按一种稳定的方式来授予的,并且由官员能加以控制地采用某种强制手段来严格限制。

27. 答案:A

解析:韦伯认为法理型权力,即基于规则和法律的权力,是理性的、合法的、明确的,因此其在理想的科层组织体系中应当作为基础。

28. 答案:B

解析:韦伯强调任何组织的存在都必须以某种形态的权力为基础,缺少某种权力形态的组织会混乱不堪,难以达到组织目标。

29. 答案:A

解析:韦伯提出的科层组织规则之一是,对于正常而继续地履行职责来行使相应的权力的方法有所规定——只有按一般规定符合条件的人才被雇用。

三、单项选择题

1. 答案:D

解析:梅奥的人际关系理论属于行为科学理论,不包含在古典管理理论中。

2. 答案:C

解析:弗雷德里克·泰勒因其在科学管理理论方面的贡献而被称为"科学管理之父"。

3. 答案:A

解析:泰勒认为改进工作方法是提高劳动生产率的首要任务,这包括操作方法的改进、作业环境与作业条件的标准化等。

4. 答案:A

解析:差别计件工资制中,未完成定额的工人按低工资率付给,完成并超过定额的按高工资率付给。

5. 答案:C

解析:泰勒主张在企业中设置计划部门,将计划职能和执行职能分开,以改进工人的作业方法。

6. 答案:A

解析:泰勒认为每个管理者只能承担其中的一两项工作,以提高管理效率。

7. 答案:B

解析:例外管理原则中,高层管理者把一般的日常事务授权给下级管理人员去处理,而自己保留对例外事项或重要问题的决策与监督权。

8. 答案:C

解析:古典管理理论的形成主要是为了适应生产力发展的需要,改善管理的粗放和低水平状态。

9. 答案:B

解析:泰勒认为造成企业劳动生产率普遍低下的原因主要有三个方面:劳动使用不当、工人不愿多干、企业生产组织与管理方面的问题。

10. 答案:C

    解析:提供工人的社交活动不属于泰勒提出的改进工作方法的措施,这些措施主要包括改进操作方法、作业环境与作业条件的标准化、根据工作要求挑选和培训工人。

11. 答案:B

    解析:法约尔认为管理是经营的一部分。

12. 答案:D

    解析:法约尔提出的14条管理原则中不包括竞争原则。

13. 答案:A

    解析:法约尔认为纪律是企业领导人同下属人员之间达成的一种协议,是领导人创造的。

14. 答案:B

    解析:统一指挥原则强调在任何活动中,一个人只能接受一个上级的命令。

15. 答案:B

    解析:法约尔的"跳板"原则允许并行的相邻部门直接协商解决问题。

16. 答案:A

    解析:法约尔认为秩序就是"凡事各有其位"。

17. 答案:C

    解析:法约尔提出的管理要素包括计划、组织、指挥、协调和控制,不包括创新。

18. 答案:C

    解析:法约尔认为管理能力可以通过教育和实践获得。

19. 答案:C

    解析:法约尔的管理理论具有普遍性,适用于各类组织。

20. 答案:D

    解析:法约尔提出的管理原则中的"公平"强调了公平对待下属的重要性。

21. 答案:D

    解析:法约尔认为管理活动包括计划、组织、指挥、协调和控制,不包括竞争。

22. 答案:B

    解析:法约尔提出的"合理的报酬"强调了对工作成绩与工作效率优良者应有奖励。

23. 答案:C

    解析:法约尔的管理理论中,管理的五大职能包括计划、组织、指挥、协调和控制,不包括领导。

24. 答案:B

    解析:法约尔认为管理理论具有普遍性,适用于各类组织。

25. 答案:C

    解析:韦伯认为在理想的科层组织体系中应以法理型权力作为基础,因为这是一种理性的、合法的、明确的权力。

26. **答案:** C

    解析: 科层组织或官僚组织是通过公职或职位,而不是通过世袭或个人魅力来进行管理的组织制度。

27. **答案:** C

    解析: 韦伯指出,科层组织依照正式职责分配、稳定授权和规定行使权力的方法这三个原则来建立和运行。

28. **答案:** A

    解析: 传统型权力建立在对于习惯和古老传统的神圣不可侵犯性要求之上,是基于对神圣习惯的认同和尊重。

29. **答案:** C

    解析: 韦伯认为法理型组织,即理想的科层组织体系,在精确性、稳定性、纪律性和可靠性等方面都优于其他组织形式。

30. **答案:** C

    解析: 韦伯将权力归纳为三种基本形态:传统型权力、个人魅力型权力和法理型权力。

四、简答题

1. 描述古典管理理论的发展历程

    答:古典管理理论起源于19世纪末20世纪初,这一时期科学技术发展迅速,产业革命带来了新的发明,但工厂管理仍依赖于传统的师傅带徒弟方式,缺乏科学依据。为了适应经济发展,提高管理效率,美国、法国、德国等国家掀起了科学管理运动,形成了古典管理理论,主要包括泰勒的科学管理、法约尔的一般管理和韦伯的理想科层组织体系。

2. 弗雷德里克·泰勒为什么被称为"科学管理之父"?

    答:泰勒被称为"科学管理之父"是因为他首次提出了科学管理理论,并在他的追随者的帮助下形成了一个完整的理论体系。他的著作《科学管理原理》被认为是管理学的经典著作,对后世的管理实践和理论发展产生了深远影响。

3. 泰勒认为提高劳动生产率的三个主要原因是什么?

    泰勒认为提高劳动生产率的三个主要原因是劳动使用不当(包括工作分配不合理和劳动方法不正确)、工人不愿干或不愿多干(涉及工人本性和报酬方法)、企业生产组织与管理方面的问题。

4. 简述泰勒的差别计件工资制。

    答:差别计件工资制是泰勒提出的一种工资制度,它根据工人完成的工作量与预定的定额相比较来确定工资。未完成定额的按低工资率付给,完成并超过定额的按高工资率付给,以此激励工人提高产量。

5. 泰勒提出的职能工长制是什么?

    答:职能工长制是泰勒提出的一种管理方式,它将管理工作细分,每个管理者只承担一两项工作。泰勒认为,当时由车间主任完成的工作应该由八个职能工长来承担,每个职能工长负责某一方面的工作,在其职能范围内可以向工人发布命令。

6. 什么是例外管理原则？

　　答：例外管理原则是指企业的上级主管把一般的日常事务授权给下级管理人员去处理，而自己保留对例外事项或重要问题的决策与监督权。

7. 描述法约尔对"经营"和"管理"两个概念的区别，并说明它们之间的关系？

　　答：法约尔将"经营"定义为指导或引导一个整体趋向一个目标的过程，而"管理"则是经营的一部分。经营包含六种活动：技术活动、营业活动、财务活动、安全活动、会计活动和管理活动。其中，管理活动包括计划、组织、指挥、协调和控制等要素。因此，管理是经营中的一个重要组成部分，专注于组织内部的协调和效率。

8. 法约尔提出的14条管理原则中，哪些原则对现代管理实践仍有重要意义？

　　答：法约尔提出的14条管理原则，包括劳动分工、权力与责任、纪律、统一指挥、统一领导、个人利益服从集体利益、合理的报酬、集权和分权、等级链与跳板原则、秩序、公平、保持人员稳定、创新精神和人员的团结，均对现代管理实践仍有重要意义。这些原则涉及组织结构、人力资源管理、领导风格、决策过程和组织文化等多个方面，为现代管理提供了理论基础和实践指导。

9. 法约尔如何定义管理的五大要素？解释它们在管理活动中的作用。

　　答：法约尔定义的管理五大要素包括计划、组织、指挥、协调和控制。计划是指预测未来并制定行动方案；组织是指确定企业在物质资源和人力资源方面的结构；指挥是指保证企业各级成员能履行组织赋予他的职责，增强其责任感；协调是指让企业员工团结一致，使企业中所有活动和努力得到统一协调；控制是指保证企业中所进行的一切活动符合既定的计划、既定的原则和发布的命令。这五大要素共同构成了管理活动的核心，确保了组织目标的有效实现和管理过程的顺利进行。

10. 描述马克斯·韦伯所提出的"理想的科层组织体系"的基本特征。

　　答：理想的科层组织体系是一种通过公职或职位而非世袭或个人魅力进行管理的组织制度。它依据三个原则建立和运行：日常活动作为正式职责分配；执行职责所需的权力按稳定方式授予，可由官员控制；只有符合条件的人才被雇用。这种组织体系强调高度结构化、正式化和非人格化，以精确性、稳定性、纪律性和可靠性为特点，适用于各种管理工作和大型组织。

11. 马克斯·韦伯将权力归纳为哪三种基本形态？简述每种形态的特点。

　　答：韦伯将权力归纳为三种基本形态：传统型权力、个人魅力型权力和法理型权力。传统型权力建立在对习惯和传统的尊重之上，由族长或部落首领行使；个人魅力型权力建立在对某个英雄人物的个人崇拜之上，依赖于领导者的个人魅力；法理型权力基于对规则和法律的服从，以理性和合法性为基础。

12. 为什么马克斯·韦伯认为法理型权力是理想的科层组织？体系的基础？

　　答：韦伯认为法理型权力是理想的科层组织体系的基础，因为：它是一种理性的权力，管理者是基于能胜任职责而被挑选出来的；这是一种合法的权力，管理者具有行使权力的合法地位；这是一种明确的权力，所有的权力都有明确的规定并限制在完成组织任务所必需的范围内。法理型权力提供了组织运行的稳定性和可预测性，有助于提高组织效率和实现组织目标。
13. 简述泰勒科学管理的基本思想。

　　答：泰勒科学管理理论的实质是要提高劳动生产率。要提高劳动生产率,增加企业盈利,泰勒认为必须从以下三个方面入手:(1)改进工作方法,并根据工作的要求挑选和培训工人;(2)改进分配方法,实行差别计件工资制;(3)改进生产组织,加强企业管理。

14. 简述法约尔的一般管理理论的主要思想。

　　答:(1)法约尔认为,经营和管理是两个不同的概念,管理只是经营的一部分,而经营的范围更为广泛,包括商业、会计、技术等多个领域。(2)法约尔提出管理的14条原则,包括劳动分工、权力与责任、纪律、统一指挥、统一领导、个人利益服从整体利益、合理的报酬、集权和分权、等级链与跳板原则、秩序、公平、保持人员稳定、创新精神、人员的团结。(3)管理职能包括计划、组织、指挥、协调、控制等五个要素。

15. 简述韦伯的理想科层组织体系。

　　答:科层组织是指借助职位来实施管理的一种组织制度,该种形式并不强调管理者的个人魅力或世袭的权利。科层组织建立和运行的规则如下:

　　(1)根据行政控制模式的要求,分配正式的职责。

　　(2)强调授予正式的职责权力,严格、强制限制权力的使用范围并加以控制。

　　(3)明确规定各种权力和职责,并根据工作岗位的性质,设置必要的条件要求,严格按照规章制度来进行人员的招聘和选拔。

五、案例分析题

1. 基于泰勒的科学管理理论的改进措施如下:

　　(1)改进工作方法:企业应通过工作研究,将复杂的生产任务分解成简单的操作,并制定出每个操作的标准作业方法。这包括对工人的动作进行细致分析,去除不必要的动作,优化必要的动作,以提高工效和合理利用工时。

　　(2)标准化作业环境与条件:企业需要根据作业方法的要求,对工人的作业环境和作业条件(如工具、设备、材料等)进行标准化,以确保工人能够在标准时间内完成标准的操作。

　　(3)挑选和培训工人:企业应根据工作要求挑选合适的工人,并根据标准的作业方法对他们进行培训,以确保每个工人都能发挥其最大的潜能。

　　(4)实行差别计件工资制:为了激励工人提高产量和质量,企业可以实行差别计件工资制,即根据工人完成的工作量与预定的定额相比较来确定工资,未完成定额的按低工资率付给,完成并超过定额的按高工资率付给。

2. (1)分析当前管理状况如下:

　　根据法约尔的一般管理理论,该企业可能在计划、组织、指挥、协调和控制等管理要素上存在不足。生产效率低下可能与缺乏有效的计划和组织结构有关,而员工流失率较高可能与指挥不当、缺乏协调以及控制不力有关。

　　(2)改进措施如下:

　　①计划:企业需要制定清晰的长期和短期目标,并根据这些目标制定行动方案。这

包括对市场需求的准确预测和生产计划的合理调整。

②组织：企业应重新评估其组织结构，确保资源配置的合理性和人力资源的有效利用。这可能涉及职务设计、机构设计和结构设计。

③指挥：管理层需要确保各级员工明确自己的职责，并提供必要的支持和培训，以增强员工的责任感和工作效率。

④协调：企业应加强内部沟通和团队合作，确保各部门和团队之间的工作协调一致，以提高整体效率。

⑤控制：建立有效的监控和反馈机制，以确保所有活动符合既定计划和原则，并及时纠正偏差。

(3)结合法约尔的管理原则分析如下：

①劳动分工：通过专业化分工提高生产效率，同时确保管理工作的合理分配。

②权力与责任：明确各级管理人员的权力和责任，确保权力与责任相匹配。

③纪律：建立和维护良好的工作纪律，提高员工的工作积极性和忠诚度。

④统一指挥和统一领导：确保每个员工只有一个上级指挥，以及所有活动都在统一的领导下进行。

⑤个人利益服从集体利益：在制定企业目标时，考虑员工的个人发展和福利，以提高员工的满意度和忠诚度。

⑥合理的报酬：设计公平的薪酬体系，对优秀表现给予奖励，激励员工提高工作效率。

(4)实现长期稳定发展的策略如下：

①企业应持续关注管理理论的发展，不断学习和应用新的管理理念，以适应市场和技术的变化。

②重视员工的培训和发展，提高管理能力，使管理成为一种可以通过教育获得的技能。

③强化创新精神和团队合作，鼓励员工参与决策过程，提高组织的适应性和竞争力。

第六章　决策

第一节　决策概述

一、名词解释

1. **决策**：是指为实现一定的目标，在多个备选方案中选择一个方案的分析判断过程。
2. **确定型决策**：是指在稳定或可控条件下进行的准确决策，决策者掌握准确、可靠、可衡量的信息，能够确切地知道决策的目标和每一备选方案的结果。
3. **风险型决策**：也称随机决策，是指决策者面临可能出现的两种或两种以上的自然状态，发生的概率为已知条件下的决策。
4. **不确定型决策**：是指在不稳定条件下进行的决策，因面对不可预测的外部条件或缺少所需信息而对备选方案或其可能结果难以确切估计。

5. **程序化决策**:是指在问题重复发生的情况下,决策者按照书面的或不成文的政策、程序或规则所进行的决策。

二、判断题

1. 答案:B

   解析:管理决策不仅指在几种行动方案中做出选择的行为,广义上它是一个包括识别问题、诊断原因、确定目标等在内的过程。

2. 答案:A

   解析:确定型决策确实是在稳定或可控条件下进行的,决策者掌握准确、可靠、可衡量的信息。

3. 答案:B

   解析:在风险型决策中,决策者虽不能准确地预测每一备选方案的结果,但能预知各备选方案及其结果发生的可能性。

4. 答案:A

   解析:不确定型决策确实是在不稳定条件下进行的决策,决策者面对不可预测的外部条件或缺少所需信息。

5. 答案:B

   解析:程序化决策是处理那些经常发生的、解决方法重复的、例行的问题。

6. 答案:B

   解析:非程序化决策旨在处理那些不常发生的或例外的非结构化问题。

7. 答案:A

   解析:个体决策确实具有速度快、责任明确的优点,但也容易受到个人经验和偏见的影响。

8. 答案:A

   解析:群体决策能够利用多个专家的智慧,但也可能导致决策速度和效率降低。

9. 答案:A

   解析:理性决策模型确实假设管理者能够获得所有必要的信息,没有时间和成本约束。

10. 答案:B

    解析:行为决策模型认为管理决策是艺术,而不是科学,因为管理者必须在信息不充分的条件下,依赖直觉和判断做出决策。

三、单项选择题

1. 答案:C

   解析:决策贯穿于管理活动的始终,在管理活动中发挥着重要作用。

2. 答案:B

   解析:狭义的决策是一种行为,是在几种行动方案中做出选择。

3. 答案:C

   解析:广义的决策是一个过程,包括在做出最后选择之前必须进行的一切活动。

4. 答案:B

   解析:确定型决策是指决策环境条件是稳定的或在可控条件下进行的准确决策。

5. **答案**：A

   解析：风险型决策是决策者面临可能出现的两种或两种以上的自然状态，发生的概率为已知条件下的决策。

6. **答案**：C

   解析：不确定型决策是指在不稳定条件下进行的决策，因面对不可预测的外部条件或缺少所需信息。

7. **答案**：C

   解析：程序化决策是在问题重复发生的情况下，决策者按照书面的或不成文的政策、程序或规则所进行的决策。

8. **答案**：B

   解析：非程序化决策旨在处理那些不常发生的或例外的非结构化问题。

9. **答案**：C

   解析：个体决策的优点是决策速度快、责任明确。

10. **答案**：C

    解析：群体决策的缺点表现为速度、效率可能低下。

11. **答案**：B

    解析：识别问题是决策的首要步骤，这为其他环节提供了行动展开的基础。

12. **答案**：B

    解析：确定目标步骤涉及明确此次决策过程所期待达成的预期结果。

13. **答案**：A

    解析：理性决策模型的基本观点是管理者能够想到所有备选方案及其结果，并据此做出最佳的选择。

14. **答案**：A

    解析：行为决策模型基于有限理性、信息不充分和满意这三个重要的基础。

15. **答案**：C

    解析：行为决策模型认为管理决策是艺术而不是科学，因为在现实中，面对不确定性和模糊性，管理者必须依赖他们的直觉和判断做出在他们看来是最佳的决策。

四、简答题

1. 解释确定型决策、风险型决策和不确定型决策的区别。

   答：确定型决策是在稳定或可控条件下进行的，决策者掌握准确信息，能确切知道每个方案的结果。风险型决策涉及已知概率的多种可能结果。不确定型决策则是在不稳定条件下进行，决策者面临不可预测的外部条件或信息不足。

2. 程序化决策和非程序化决策的主要区别是什么？

   答：程序化决策涉及重复发生的问题，按照既定的政策、程序或规则进行。非程序化决策处理不常发生或例外的非结构化问题，需要特别的关注和处理。

3. 描述理性决策模型和行为决策模型的基本观点。

   答：理性决策模型假设决策者能够获得所有必要的信息，并能做出最优化决策。行为决策模型则基于有限理性、信息不充分和满意,认为决策者在实际中往往寻求满意的解决方案而非最优化决策。

4. 简述决策的制定过程。

答:决策的制定过程通常包括以下六个阶段的工作:
(1)识别问题。
(2)诊断原因。
(3)确定目标。
(4)制订备选方案,形成多个可供参考的备选方案。
(5)评价、选择方案。
(6)实施和监督。

五、案例分析题

(1)该公司在决策过程中应遵循如下步骤:

①识别问题:公司面临的问题是决定是否投资开发一款新的智能手机应用。

②诊断原因:需要分析市场需求、技术挑战、竞争对手的策略以及公司的资源和能力。

③确定目标:目标可能是在市场上推出创新产品,增加市场份额,提高公司收入。

④制定备选方案:备选方案可能包括立即开发应用、进一步市场调研、与合作伙伴共同开发或放弃项目。

⑤评价、选择方案:评价方案应基于可行性、成本效益分析、市场潜力和风险评估。

⑥实施和监督:实施选定的方案,并建立监督机制来跟踪项目进展和市场反馈。

(2)建议如下:

①公司应采用科学的方法来评估项目的可行性和潜在风险,同时考虑到理性决策模型和行为决策模型的指导原则。

②考虑到项目的不确定性,公司应制定多个备选方案,并准备应对潜在的风险和挑战。

③公司应建立一个跨部门团队来负责项目的实施,确保项目的成功。

④公司应持续监督项目的进展,并根据市场反馈和项目结果调整策略。

第二节 组织环境

一、名词解释

1. **组织外部环境**:是指那些对组织绩效可能产生影响的外部因素和条件,包括一般环境和具体环境两个部分。

2. **一般或宏观环境**:是指任何时期对所有组织都能产生影响的外部环境因素,包括经济环境、技术环境、社会文化环境、政治/法律环境、自然环境等。

3. **具体或微观环境**:指那些对组织影响更频繁、更直接的外部环境因素,主要包括顾客、供应商、竞争者、管理机构、战略同盟伙伴等。

4. **组织内部环境**:是指那些对组织影响最频繁、最直接的环境因素,包括物质环境和文环境。
5. **PEST 分析法**：是从政治与法律环境(P)、经济环境(E)、社会与文化环境(S)、技术环境(T)四个方面来探察、认识影响组织发展的重要因素的方法。
6. **波特五力分析模型**：是迈克尔·波特提出的一种分析方法，用于分析行业竞争压力的来源，包括本行业中现有的其他企业、卖方(供应商)、买方(顾客)、其他行业之中的潜在进入者和替代产品这五个方面。

二、判断题

1. 答案：B
   解析：根据课程内容，每一个组织都是在与环境的相互作用中寻求生存和发展的，环境对组织活动起到制约作用，甚至带来威胁。

2. 答案：B
   解析：组织的外部环境包括一般或宏观环境和具体或微观环境两个部分。

3. 答案：B
   解析：经济环境因素还包括政府财政和税收政策、银行利率、物价波动、市场状况等。

4. 答案：B
   解析：技术环境包括生产技术、管理技术以及生活技术、服务技术等内容。

5. 答案：B
   解析：社会环境包括风俗习惯、文化传统、受教育程度、价值观念、道德伦理、宗教信仰、商业习惯等。

6. 答案：B
   解析：相对于其他环境因素，自然资源环境是较稳定的，而政治/法律环境因素如政治制度、政治形势、国际关系等是变化的。

7. 答案：B
   解析：供应商提供的要素的质量和价格直接影响企业产品和服务的质量及成本水平。

8. 答案：A
   解析：竞争对手是指与本企业竞争资源的其他组织。

10. 答案：B
    解析：波特五力分析模型既适用于企业，也适用于其他类型的组织。

11. 答案：B
    解析：PEST 分析法包括政治与法律环境、经济环境、社会与文化环境、科学技术环境四个方面。

12. 答案：B
    解析：SWOT 分析法中的"S"代表的是优势(strengths)。

13. 答案：B
    解析：组织内部环境包括物质环境和文化环境。

14. 答案：B
    解析：人力资源环境属于组织内部的物质环境。

15. **答案**:B

   解析:组织文化环境会影响组织成员的士气和积极性、群体的向心力、组织的外部形象,最终影响组织的绩效。

16. **答案**:B

   解析:SWOT分析法可以形成多种行动方案供人们选择,这些方案是在认真对比分析基础上产生的,因此可以提高决策的质量。

三、单项选择题

1. **答案**:D

   解析:组织环境为组织的活动提供条件与发展机会,同时也对组织活动起到制约作用,甚至带来威胁,因此其影响是潜在和重要的。

2. **答案**:D

   解析:具体环境对组织的影响是直接和明显的,而一般环境的影响往往不是那么直接,且必须经过分析后才能了解。

3. **答案**:C

   解析:组织文化属于组织内部环境,不是宏观环境的因素。

4. **答案**:D

   解析:技术环境包括生产技术、管理技术以及生活技术、服务技术等内容。

5. **答案**:B

   解析:供应商是具体或微观环境的因素,直接影响组织的日常运营。

6. **答案**:A

   解析:组织内部环境包括物质环境和文化环境。

7. **答案**:A

   解析:PEST分析法中的"S"代表社会与文化环境。

8. **答案**:C

   解析:波特五力分析模型不包括政府政策,这是PEST分析法中的内容。

9. **答案**:D

   解析:SWOT分析法包括优势(strengths)、劣势(weaknesses)、机会(opportunities)、威胁(threats)。

10. **答案**:C

    解析:政府的监管能力不是波特五力分析模型中的力量,而是PEST分析法中的政治与法律环境因素。

11. **答案**:D

    解析:组织内部的物质环境包括人力资源环境、物力资源环境和财力资源环境。

12. **答案**:B

    解析:组织文化环境是组织内部环境的一部分,不是外部环境的影响因素。

13. **答案**:A

    解析:PEST分析法中经济环境的主要内容是增长率、政府收支、外贸收支及汇率等。

14. 答案:D

解析:波特五力分析模型包括潜在进入者的威胁、供应商的议价能力、替代产品的威胁等内容。

15. 答案:C

解析:SWOT分析法中的优势(S)和劣势(W)是指组织内部环境的优势和劣势。

四、简答题

1. 简述组织外部环境的两个主要部分,并解释它们对组织的影响。

答:组织外部环境分为一般环境(宏观环境)和具体环境(微观环境)。一般环境包括经济、技术、社会文化、政治/法律和自然环境等因素,它们对所有组织都能产生影响,但影响不直接,需要通过分析才能了解。具体环境包括顾客、供应商、竞争者、管理机构和战略同盟伙伴等,它们对组织的影响更频繁、更直接。

2. 描述PEST分析法,并说明其在组织环境分析中的应用。

答:PEST分析法是一种从政治与法律环境(P)、经济环境(E)、社会与文化环境(S)、科学技术环境(T)四个方面来探察、认识影响组织发展的重要因素的方法。它用于分析一般环境,帮助组织识别外部环境中的机会和威胁。

3. 波特压力分析模型包括哪些力量?它们如何影响组织?

答:波特五力分析模型包括行业内现有企业的竞争、潜在进入者的威胁、替代品的威胁、供应商的议价能力和买方的议价能力。这些力量共同决定了行业的盈利潜力和竞争强度,影响组织的竞争策略和市场定位。

4. SWOT分析法中的四个要素是什么?它们如何帮助组织制定策略?

答:SWOT分析法中的四个要素是优势(strengths)、劣势(weaknesses)、机会(opportunities)和威胁(threats)。通过分析这四个要素,组织可以识别自身的内部优势和劣势,以及外部环境中的机会和威胁,从而制定出利用优势、改善劣势、抓住机会和应对威胁的策略。

5. 组织内部环境包括哪些方面?它们如何影响组织的日常运营和发展?

答:组织内部环境包括物质环境和文化环境。物质环境涉及人力资源、物力资源和财力资源,而文化环境则包括组织的价值观念和行为准则。这些因素直接影响组织的日常运营、生存和发展,展现出组织的优势或劣势。

6. 如何理解组织环境对组织绩效的潜在影响?

答:组织环境对组织绩效的潜在影响体现在它既为组织活动提供条件与发展机会,同时也对组织活动起到制约作用,甚至带来威胁。管理者必须在决策时考虑环境的影响,以确保组织能够有效应对外部变化,抓住发展机会。

五、案例分析题

(1)PEST分析:

①政治与法律环境(P):政府的支持政策为公司提供了发展机遇,应充分利用补贴和税收优惠,加大研发和市场推广力度。

②经济环境(E):新能源汽车市场增长迅速,但原材料价格波动可能影响成本,需要

加强成本控制和风险管理。

③社会与文化环境(S)：消费者对环保和新能源汽车的接受度提高，应通过市场营销强化品牌形象，提升消费者认知。

④科学技术环境(T)：技术进步为公司提供了提升产品性能的机会，同时也面临技术更新换代的压力，需要持续投入研发。

(2)波特五力分析模型：

①行业内现有竞争者：竞争激烈，需要通过技术创新和差异化策略保持竞争力。

②潜在进入者：新进入者可能带来新的竞争压力，公司应利用现有市场地位和品牌优势构建进入壁垒。

③替代品威胁：虽然新能源汽车是趋势，但传统燃油车仍是替代品，需要通过性能和成本优势减少替代品威胁。

④供应商议价能力：原材料价格波动影响成本，应通过长期合作协议和多元化供应商策略降低风险。

⑤买方议价能力：消费者对价格敏感，公司需要通过规模经济和成本控制保持价格竞争力。

(3)SWOT 分析：

①优势(S)：强大的研发团队和专利技术，政府政策支持。

②劣势(W)：人才流失风险，原材料价格波动影响成本。

③机会(O)：新能源汽车市场增长，技术进步降低成本。

④威胁(T)：激烈的行业竞争，新进入者和替代品的威胁。

(4)战略建议：

①加大研发投入，利用技术优势提升产品竞争力。

②通过政府政策支持，扩大市场份额。

③加强供应链管理，降低原材料价格波动的影响。

④强化品牌建设，提升消费者认知和忠诚度。

⑤构建进入壁垒，如专利保护，增加新进入者的难度。

⑥关注行业动态，及时调整战略以应对竞争和市场变化。

第三节 计 划

一、名词解释

1. **计划(planning)**：是指对各种组织目标的分析、制定和调整以及对组织实现这些目标的各种可行方案的设计等一系列相关联的行为、行动或活动。
2. **计划(plans)**：是指计划行动的结果，包括组织使命和目标的说明以及组织所选择的战略活动在未来不同时空的展开。
3. **战略计划**：是关于企业活动总体目标和战略方案的计划，其特点是时间跨度长、涉及范围广、内容抽象概括，不要求直接的可操作性，且带有高度的不确定性。
4. **战术计划**：是有关组织活动具体如何运作的计划，其特点是时间跨度短、覆盖范围窄、内容具体明确,通常要求具有可操作性,风险程度较低。
5. **综合计划**:是一种总体性的计划,涉及组织内部的许多部门和许多方面的活动,旨在从企业生产经营活动的整体出发,进行协调平衡。

二、判断题

1. **答案**:A

   解析:计划包括组织的目标和实现目标的途径。

2. **答案**:B

   解析:计划作为动词时,包括对组织目标的分析、制定和调整,以及对实现这些目标的各种可行方案的设计等行为和活动。

3. **答案**:B

   解析:计划是管理者实施控制的重要标准,但不是唯一标准,还有其他如预算、绩效指标等也可以作为控制的标准。

4. **答案**:B

   解析:计划通过合理预期和预测未来的变化,能够大大地降低未来不确定性所带来的风险。

5. **答案**:B

   解析:综合平衡工作通过消除无效活动和实现资源的有效配置,可以提高组织的工作效率。

6. **答案**:B

   解析:计划中的目标具有激励人员士气的作用,尤其是在接近完成任务时,会出现"终末激发"效应,提高工作效率。

7. **答案**:A

   解析:战略计划、战术计划和作业计划确实是根据计划对企业经营范围影响程度和影响时间长短的不同来分类的。

8. **答案**:B

   解析:长期计划、中期计划和短期计划是根据计划跨越的时间间隔长短来划分的。

9. **答案**:A

   解析:综合计划、专业计划和项目计划确实是根据计划涉及活动的内容来分类的。

10. **答案**:B

    解析:作业计划具有个体性、可重复性和较大的刚性,一般情况下是必须执行的命令性计划。

11. **答案**:B

    解析:战略计划通常由高层管理人员负责,而战术和作业计划通常由中层、基层管理人员甚至是具体作业人员负责。

12. **答案**:B

    解析:综合平衡法不仅涉及组织内部的平衡,也考虑了组织内部与外部的条件与环境变化情况。

三、单项选择题

1. **答案**：D
   解析：计划是提高效率与效益的工具,但不是提高利润的唯一方法。
2. **答案**：D
   解析：计划需要考虑和预测外部环境的变化,而不是忽略它们。
3. **答案**：D
   解析：计划综合平衡工作旨在提高效率和资源的有效配置,而不是减少组织内部的竞争。
4. **答案**：C
   解析：计划的作用之一是消除冲突,而不是增加组织内部冲突。
5. **答案**：C
   解析：战略计划通常不要求直接的可操作性,而是更抽象和概括。
6. **答案**：C
   解析：战术计划通常比战略计划更具体、明确,并且要求具有可操作性。
7. **答案**：B
   解析：作业计划通常具有个体性、可重复性和较大的刚性。
8. **答案**：A
   解析：战略计划通常由高层管理人员负责,因为它涉及企业活动的总体目标和战略方案。
9. **答案**：C
   解析：长期、中期和短期计划是根据计划跨越的时间间隔长短来划分的。
10. **答案**：C
    解析：综合计划、计划专业和项目计划是根据计划涉及活动的内容来分类的。
11. **答案**：D
    解析：综合平衡法旨在通过协调平衡各种计划来挖掘潜力和保证计划的顺利实现,而不是增加成本。
12. **答案**：C
    解析：企业通常将1年及以内的计划称为短期计划。
13. **答案**：C
    解析：项目计划是组织针对某个特定课题所制定的计划,例如新产品的开发计划或某项工程的建设计划。

四、简答题

1. 如何理解计划是管理者进行指挥的抓手。
   答：计划作为管理者进行指挥的抓手,体现在管理者依据计划向组织中的部门或人员分配任务、进行授权和定责,以及组织人们开展计划的行动等方面。管理者依照计划进行指挥与协调,确保组织活动有序进行。
2. 如何理解计划是管理者实施控制的标准。
   答：计划作为管理者实施控制的标准,要求管理者对照计划规定的时间和要求指标,检查实际活动结果与计划目标的一致性,并在发现偏差时采取控制措施,以确保按时、按质、按量完成计划。
3. 如何理解计划是降低未来不确定性的手段。

　　　　答：计划通过合理预期和预测未来的变化及其对组织的影响，制定出符合未来发展变化的计划，从而降低未来不确定性所带来的风险。
4. 如何理解计划是激励人员士气的依据。

　　　　答：计划中包含的目标、任务、时间安排和行动方案等元素具有激励人员士气的作用，因为它们为员工提供了清晰的方向和成就感，特别是在接近完成任务时的"终末激发"效应，能显著提升员工的工作效率和坚持到底的决心。
5. 简述计划的作用。

　　　　答：（1）计划是管理者进行指挥的抓手。管理者在计划制定出来之后就可以依据计划进行指挥了。

　　　　（2）计划是管理者实施控制的标准。管理者在计划的实施过程中必须按照计划规定的时间和要求指标，去对照检查实际活动结果与计划规定目标是否一致，如果存在偏差，管理者就必须采取控制措施去消除差距，从而保证按时、按质、按量地完成计划。

　　　　（3）计划是降低未来不确定性的手段。计划就是面向未来的，因此在计划编制过程中，人们就必须对各种变化进行合理预期，以及预测各种变化对组织带来的影响。

　　　　（4）计划是提高效率与效益的工具。在计划编制过程中，有一项很重要的工作是进行综合平衡。这项工作可以消除未来活动中的重复、等待、冲突等各种无效活动。同时，这种综合平衡工作会带来资源的有效配置、活动的合理安排，从而提高组织的工作效率。

　　　　（5）计划是激励人员士气的依据。计划通常包含有目标、任务、时间安排、行动方案等。由于计划中的目标具有激励人员士气的作用，所以包含目标在内的计划同样具有激励人员士气的作用。

五、案例分析题

(1) 战略计划需要被分解为可操作的战术计划和作业计划。战术计划应详细说明如何在已知条件下实现战略计划中的具体行动目标，而作业计划则是给定部门或个人的具体行动指南。这种转化的重要性在于确保战略计划的可执行性和实现组织目标的具体路径。

(2) 计划通过合理预期和预测未来的变化，降低未来不确定性所带来的风险。例如，该公司可以通过市场研究预测新兴市场的趋势和消费者需求，从而调整产品开发和市场策略。

(3) 计划中的目标可以激励员工士气，因为它们为员工提供了清晰的方向和成就感。例如，当项目接近完成时，员工可能会因为"终末激发"效应而更加努力工作，以确保项目按时完成。

(4) 从长期、中期和短期计划的角度来看，该公司战略计划的实施可能面临的挑战包括资源分配、时间管理、市场变化的适应性以及内部流程的协调。长期计划需要与中期和短期计划相协调，以确保战略目标的逐步实现。

(5) 综合计划涉及多个部门和活动，专业计划关注特定职能领域，项目计划针对特定任务。在该公司中，这些计划相互衔接，确保战略目标的实现。例如，综合计划可能涉及跨部门的资源协调,而专业计划可能专注于产品开发或市场推广,项目计划可能针对特定产品的研发。

第四节　目标管理

一、名词解释

1. **目标管理**:是彼得·德鲁克提出的一种管理方法或管理制度,鼓励组织成员积极参与工作目标的制定,并在工作中实行自我控制,自觉完成工作任务。
2. **参与管理**:是目标管理的一个特征,指在目标制定与分解过程中,各级组织、部门动员其下属积极参加目标制定和分解,充分发表各自的见解,积极讨论组织目标及个人的目标。
3. **自我控制**:是目标管理中强调的一个特征,指下属可以根据明确的目标、责任和奖罚标准,自我评价工作的标准及进度,自我安排工作进度计划,采取应急措施和改进工作效率。
4. **系统的目标体系**:目标管理中通过发动群众自下而上、自上而下地制定各岗位、各部门的目标,将组织的最高层目标与基层目标、个人目标层层联系起来,形成整体目标与局部目标、组织目标与个人目标的系统整合。

二、判断题

1. 答案:A

   解析:目标管理确实是由彼得·德鲁克在1954年的《管理的实践》一书中提出的。
2. 答案:A

   解析:目标管理的目的之一就是激发员工的积极性,使他们主动参与目标的制定和实现。
3. 答案:B

   解析:目标管理的一个特征就是实行参与管理,鼓励员工积极参与目标的制定。
4. 答案:B

   解析:目标管理重视的是工作成果,而不是工作行为本身,它允许员工自主选择实现目标的方式。
5. 答案:A

   解析:目标管理强调组织成员的自我控制,下属可以根据目标、责任和奖罚标准进行自我管理。
6. 答案:A

   解析:目标管理通过自上而下和自下而上的方式建立系统的目标体系,确保组织目标和个人目标的一致性。
7. 答案:A

   解析:目标管理允许下属在保持既定目标的情况下,选择适合自己的方式、方法实现目标。
8. 答案:B

   解析:目标管理适用于长期、中期和短期目标的设定,不仅限于短期目标。
9. 答案:B

   解析:成果评价阶段需要总结经验教训,分析原因,吸取教训,以利于今后工作的改进。

10. **答案:B**

解析:虽然目标管理减少了对行为细节的监督,但并不意味着可以完全避免争执,它更多的是减少不必要的争执。

11. **答案:B**

解析:虽然目标管理中目标的调整可能比较困难,但在必要时,为了适应变化的环境和情况,目标仍然需要进行调整。

12. **答案:B**

解析:目标管理通过提供明确的行动目标、自主工作和创新的组织氛围以及明确的奖惩标准,通常能够提高员工对工作的满意程度。

三、单项选择题

1. **答案:C**

解析:目标管理(MBO)是由彼得·德鲁克在1954年提出的,是现代管理中的一个重要概念。

2. **答案:B**

解析:实行参与管理是目标管理的一个特征,它鼓励员工积极参与目标的制定,从而提高员工的主动性和参与感。

3. **答案:B**

解析:目标管理强调的是工作成果而非工作行为本身,因此不强调统一的工作方法。

4. **答案:B**

解析:在目标实施阶段,组织成员根据明确的目标进行自我控制和自我评价,以确保目标的实现。

5. **答案:A**

解析:目标制定与展开是目标管理的第一阶段,主要任务是上下协调,制定好各级组织的目标。

6. **答案:C**

解析:目标管理通过改善上下级的沟通,使员工更加清楚地明白组织的目标,因此选项C是错误的。

7. **答案:B**

解析:目标管理可能导致管理者和员工过分关注短期目标,从而忽视了长期目标的实现。

8. **答案:B**

解析:目标管理中,一旦目标进入实施阶段,改变目标会非常困难,因为这涉及目标体系的稳定性和员工的情绪。

9. **答案:C**

解析:成果评价是目标管理的最后阶段,涉及评价工作成果、实施奖惩和总结经验教训。

10. **答案:B**

解析:在目标实施阶段,管理者应当积极帮助下属,在人力、物力、财力、技术、信息等方面给予支持,进行咨询指导。

11. **答案**：C

解析：强调自我控制是目标管理的一个特征，它允许下属根据自己的目标、责任和奖罚标准进行自我评价和自我管理。

12. **答案**：D

解析：建立系统的目标体系是目标管理的特征之一，它通过自下而上、自上而下的方式将组织的最高层目标与基层目标、个人目标层层联系起来。

四、简答题

1. 目标管理（MBO）的核心理念是什么？

   答：目标管理（MBO）的核心理念在于通过目标的设定和实现来激励员工，从而提高工作效率和效果。它强调的是员工参与目标设定的过程，自我控制工作进度，以及自我评价工作成果。这种管理方式试图将组织的总体目标转化为员工个人的目标，使员工从被动接受任务转变为主动承担责任，实现自我管理和自我激励。

2. 目标管理的特征包括哪些？

   答：目标管理的特征主要包括四个方面：首先，实行参与管理，即让各级组织和部门的成员积极参与目标的制定和分解过程；其次，重视工作成果而非工作行为本身，即以目标完成情况作为评价标准；再次，强调组织成员的自我控制，即员工根据明确的目标和责任进行自我管理；最后，建立系统的目标体系，将组织的最高目标与基层目标、个人目标层层联系起来，形成一个有机的整体。

3. 目标管理的实施过程包括哪些阶段？

   答：目标管理的实施过程包括三个阶段：首先是目标制定与展开阶段，这一阶段的中心任务是上下协调，制定好各级组织的目标；其次是目标实施阶段，各部门围绕自己的目标采取措施，以保证目标顺利实现；最后是成果评价阶段，根据目标评价完成的成果，进行奖惩。

4. 如何理解目标管理中"重视工作成果而不是工作行为本身"这一特征？

   答：在目标管理中，"重视工作成果而不是工作行为本身"意味着管理者更关注员工的工作产出和结果，而不是他们如何完成这些工作的细节。这种管理方式鼓励员工在保持既定目标的情况下，选择最适合自己的方法和策略来完成任务。这样做的目的是激发员工的创造性和主动性，同时减少不必要的监督和干预，让员工有更多的自主权和灵活性。

5. 目标管理的优点有哪些？

   答：目标管理的优点包括：提高员工的参与感和满意度，因为员工参与目标设定过程；明确工作方向和期望结果，帮助员工集中精力于最重要的任务；改善上下级之间的沟通，因为目标管理需要双方就目标和进度进行频繁交流；提高评价过程的公正性和合理性，因为评价基于明确的、预先设定的目标；增强员工对工作成果的责任感，因为他们参与了目标的制定并对其负责。

6. 目标管理存在哪些局限性？

   答：目标管理的局限性主要包括：在实施过程中可能遇到的操作困难，如目标设定的困难和目标量化的挑战;可能导致管理者和员工过分强调短期目标,而忽视长期目标的实现;目标一旦确定后难以调整,这可能导致组织对环境变化的适应性降低。此外,目标管理可能导致员工之间的竞争加剧,以及对非量化工作的评价困难。

五、案例分析

(1)实施目标管理可能面临的挑战:

①目标设定的困难。目标管理中一个重要的环节是目标的设定。可考核的目标往往是难以确定的,尤其是对于研发部门来说,创新和研发成果往往难以量化。因此,如何设定既具有挑战性又可实现的目标,是公司需要解决的问题。

②短期目标与长期目标的平衡。目标管理可能导致管理者和员工过分强调短期目标,而忽视长期发展。研发工作往往需要长期的投入和积累,如何在目标管理中平衡短期成果与长期发展,是公司需要考虑的问题。

③目标调整的困难。一旦目标确定并开始实施,中途调整目标可能会带来混乱。如何在保持目标稳定性的同时,灵活应对市场和技术的变化,是实施目标管理时需要面对的挑战。

(2)确保目标管理有效实施的措施:

①充分沟通与参与。根据目标管理的特征,实行参与管理是关键。公司应该鼓励员工参与目标的制定过程,通过充分的沟通确保每个团队和个人都理解并认同自己的目标。

②建立合理的评价和奖惩机制。目标管理的实施需要有明确的评价标准和奖惩机制。公司应该根据研发成果的性质,设计合理的评价体系,确保评价的公正性和激励的有效性。

③灵活性与适应性。公司需要在目标管理中保持一定的灵活性,以适应市场和技术的变化。这可能意味着在必要时对目标进行适度的调整,并与员工进行沟通,以保持团队的动力和方向。

(3)目标管理对员工积极性和组织目标实现的影响:

①对于积极性提升:目标管理通过让员工参与目标的制定,提高了员工的自主性和参与感,从而增强了员工的积极性和对工作的承诺。

②对于组织目标实现:通过明确的目标和自我控制,员工能够更清晰地了解自己的工作如何与组织目标相联系,这有助于提高工作效率和成果的质量,从而更好地实现组织目标。

第七章 组织

第一节 组织设计

一、名词解释

1. **组织设计**:是对组织系统的整体设计,即按照组织目标在对管理活动进行横向和纵向分工的基础上,通过部门化形成组织、框架并进行整合。它包括职能设计、部门设计和层级设计,目的是使各种要素得到最合理的使用,实现组织目标。
2. **管理幅度**:又称管理跨度或控制幅度,是指受一个管理人员直接有效指挥的下属人员的数量。它反映了组织结构中管理层级与管理人员的下属数量的关系,是组织设计中的一个重要考量因素。
3. **目标一致原则**:是指组织设计和活动需要围绕组织的整体目标进行,确保部门设置、沟通协调、冲突解决都服务于这一目标,实现目标的一致性和统一指挥。
4. **分工与协作原则**:指的是在组织结构中反映出实现目标所需的工作分解和相互协调,通过专业分工实现部门间、人员间的协作与配合,以保证组织活动的顺利开展和整体目标的实现。
5. **权责对等原则**:是指组织中的管理者需要拥有开展工作所需的相应权力,同时承担相应责任,确保职位与权力之间存在明确的对应关系。
6. **柔性经济原则**:指组织设计需要保持一定的灵活性,根据内外环境的变化及时对机构和人员做出调整,通过对层级与幅度、人员结构和部门工作流程的合理安排,提高组织管理的效率。

二、判断题

1. **答案**:B
   解析:组织设计不仅涉及内部结构安排,还必须考虑外部环境因素,如政治、经济、社会和文化环境,这些都会对组织活动产生影响。
2. **答案**:A
   解析:根据课程内容,组织设计的任务确实包括设计清晰的组织结构和规划各部门的职能和权限。
3. **答案**:B
   解析:一个完整的组织结构设计至少包括职能设计、部门设计和层级设计三方面内容。
4. **答案**:B
   解析:当外部环境不稳定时,组织应增加信息共享和权力下放,以提高适应性,迅速对环境变化作出反应。
5. **答案**:B
   解析:技术变化不仅能够改变生产工艺和流程,而且会影响人与人之间的沟通与协作。
6. **答案**:B
   解析:一般来说,一个组织的规章、条例越多,其组织结构的规范性就越高,与组织规模的大小有关但不是绝对。
7. **答案**:B
   解析:组织的发展会经历不同的阶段,每个阶段具有不同特征,需要调整组织结构以适应不同阶段的特点。
8. **答案**:A
   解析:目标一致原则确实要求组织的所有活动都应服务于组织的整体目标。
9. **答案**:A

解析：分工与协作原则确实强调在专业分工的基础上实现部门间、人员间的协作与配合。

10. 答案：B

    解析：有效管理幅度原则强调管理幅度应控制在一定的水平，过大或过小都会影响管理效率。

11. 答案：B

    解析：权责对等原则要求管理者需要拥有开展工作所需要的相应权力，同时承担相应责任。

12. 答案：A

    解析：柔性经济原则确实要求组织设计保持一定的灵活性，以适应内外环境的变化，并提高组织管理的效率。

三、单项选择题

1. 答案：B

    解析：组织设计是为了有效地实现既定的目标，通过建立组织机构，确定职能、职责和职权，协调相互关系。

2. 答案：D

    解析：组织设计包括职能设计、部门设计和层级设计，但不包括员工培训设计。

3. 答案：D

    解析：组织运行制度设计包括沟通系统设计、管理规范设计和激励设计，不包括产品开发设计。

4. 答案：C

    解析：一般环境是指对组织活动产生间接影响的政治、经济、社会和文化环境。

5. 答案：C

    解析：任务环境是指与组织活动直接相关的环境，包括政府、行业协会、合作方、供应商、客户、竞争对手等。

6. 答案：C

    解析：组织结构需要根据战略的变化及时进行调整，以提高组织的自适应性。

7. 答案：B

    解析：地区开拓阶段，组织需要建立职能部门对分布在不同地区的业务进行有机整合。

8. 答案：A

    解析：技术的变化不仅能够改变生产工艺和流程，而且会影响人与人之间的沟通与协作。

9. 答案：D

    解析：组织设计的原则包括目标一致原则、分工与协作原则、有效管理幅度原则、权责对等原则和柔性经济原则，不包括创新原则。

10. 答案：D

    解析：权责对等原则涉及职位与权力的对应关系、管理者的权力和责任，但不直接涉及增加组织的利润。

11. 答案：C

解析:成熟阶段,组织成长的动力在于授权,组织结构呈现出规范化的特征。
12. 答案:B
解析:柔性经济原则要求稳定性与适应性相结合,在维护组织稳定的同时保持一定的弹性。
13. 答案:B
解析:分工与协作原则强调在专业分工的基础上实现部门间、人员间的协作与配合。
14. 答案:D
解析:影响组织结构的因素包括环境、战略、技术、规模以及组织发展阶段,不包括员工满意度。

四、简答题
1. 组织设计的主要目的是什么?
   答:组织设计的主要目的是为了有效地实现既定的目标。这涉及通过建立组织机构,确定职能、职责和职权,协调相互关系,将组织内部各个要素连接成一个有机整体,使各种要素得到最合理的使用,从而实现组织目标。这一过程确保了每项管理活动都在组织范围内进行,并运用组织这一基本职能,直接影响组织的未来的生存状况和竞争力。
2. 组织设计的任务包括哪些内容?
   答:组织设计的任务包括设计清晰的组织结构,规划各部门的职能和权限,确定组织中职能职权、参谋职权、直线职权的活动范围。此外,组织设计还需最终编制职务说明书,明确每个职位的职责和要求。一个完整的组织结构设计至少包括职能设计、部门设计和层级设计三方面内容,这三者共同构成了组织运行的基础。
3. 组织设计的影响因素有哪些?
   答:组织设计的影响因素包括环境、战略、技术、规模以及组织发展阶段五个方面。环境因素分为一般环境和任务环境,影响组织如何与外部世界互动。战略因素涉及组织的目标和方向,以及如何通过结构来支持这些目标。技术因素考虑生产技术和工作流程的变化,以及这些变化如何影响组织结构。规模因素涉及组织的规模大小,影响组织的复杂性和管理层次。最后,组织发展阶段考虑组织生命周期的不同阶段,每个阶段可能需要不同的组织结构来适应其特定需求。
4. 环境对组织设计的影响体现在哪些方面?
   答:作用于组织的环境因素分为两类:一般环境和任务环境。一般环境包括政治、经济、社会和文化因素,这些因素间接影响组织活动,如跨国业务中的东道国环境。任务环境涉及与组织活动直接相关的因素,如政府、行业协会、合作方、供应商、客户和竞争对手。这些因素要求组织设计中设置相应的机构或部门,以适应外部环境的复杂性和不确定性。环境的不确定性也影响组织结构,稳定的环境可能促使组织制定明确的规章制度,而不稳定的环境则要求组织更加关注适应性和灵活性。
5. 组织设计的原则有哪些?
   答:组织设计的原则包括目标一致原则、分工与协作原则、有效管理幅度原则、权责对等原则和柔性经济原则。目标一致原则强调组织活动应围绕组织的整体目标进行,确保部门设置、沟通协调和冲突解决都服务于这一目标。分工与协作原则指出组织结构应反映实现目标所需的工作分解和相互协调,实现部门间、人员间的协作。有效管理幅度原则关注受一个管理人员直接有效指挥的下属人员的数量,以保证组织的有效运行。权责对等原则要求管理者拥有开展工作所需的相应权力,同时承担相应责任。柔性经济原则强调组织设计需要保持一定的灵活性,以适应内外环境的变化。

6. 组织发展的不同阶段对组织设计有何影响?

答:组织发展的不同阶段对组织设计有显著影响。在生成阶段,组织通常采用简单、机械的组织结构,权力集中。成长阶段中层和基层管理者,需要更多决策权,以支持快速扩张。成熟阶段的组织结构规范化,层级关系清晰,职能健全。衰退阶段可能出现机构臃肿、决策迟缓等问题,需要组织进行结构调整。再生阶段要求组织进行大胆变革,如再集权、流程再造、扁平化管理等,以恢复活力。每个阶段都需要组织设计来适应其特定需求,确保组织能够有效地运作并实现其目标。

五、案例背景

(1)在调整组织结构时,该公司应该考虑以下因素:

①环境因素。评估外部市场环境的复杂性和不确定性,以及公司如何适应这些变化。

②战略因素。根据公司的长期战略规划,确定组织结构需要支持的关键业务领域。

③技术因素。考虑技术发展对生产流程和员工协作的影响,以及如何通过技术提高效率。

④规模因素。根据公司的规模和增长预期,设计一个能够适应未来扩张的组织结构。

⑤发展阶段。识别公司当前所处的发展阶段,并根据该阶段的特点设计组织结构。

(2)一个合适的组织设计方案可能包括:

①分权化。将决策权下放给中层和基层管理者,以提高决策速度和灵活性。

②建立跨职能团队。为了促进创新和跨部门合作,可以建立跨职能团队来处理特定的项目和任务。

③明确职责和职权。通过职务说明书明确每个职位的职责和职权,以提高责任意识和工作效率。

④引入绩效激励机制。设计激励机制以提高员工的积极性和工作动力。

(3)不同发展阶段的组织结构:

①生成阶段(创业阶段):组织结构简单,权力集中,适合快速决策和市场适应。

②成长阶段:需要更多的中层管理者来分担决策压力,组织结构变得更加有机和灵活。

③成熟阶段:组织结构规范化,层级关系清晰,职能健全,规章制度完善。

④衰退阶段:可能需要进行重组,简化层级,减少冗余,提高效率。

⑤再生阶段:需要大胆变革,可能包括再集权、流程再造、扁平化管理等措施。

第二节 组织结构

一、名词解释

1. **组织结构**：是组织中正式确定的,使工作任务得以分解、组合和协调的框架体系。它包括组织内部的职能分工和纵向的层级体系,以及各部门之间的相互关系,可以用组织结构图来表示。

2. **直线制组织结构**：是所有职位都实行从上到下的垂直领导,下级部门只接受一个上级的指令,各级负责人对其下属的一切问题负责。组织不设专门的职能部门,所有管理职能基本上都由各部门主管自己执行。

3. **直线职能制组织结构**：综合了直线制和职能制的特点,在直线制结构的基础上,在各层级中设置相应的职能部门。在统一指挥的原则下,增加了参谋机构从事专业管理。

4. **事业部制组织**：也被称为 M 型组织,是指组织按照产品或类别、市场用户、地域以及流程等不同的业务单位分别成立若干个事业部,由事业部进行独立经营和分权管理的一种分权式组织结构。

5. **矩阵制组织结构**：是为了加强职能制组织之间的协调、引进项目管理的形式开发的一种组织形式。它既有按职能划分的垂直领导系统,又有按产品或项目划分的横向领导关系;项目组人员来自不同部门,任务完成后就解散,有关人员回原单位工作;项目小组为临时组织。

二、判断题

1. **答案**：B

   解析：组织结构不仅包括纵向的层级体系,还包括组织内部的职能分工和各部门之间的相互关系。

2. **答案**：A

   解析：组织结构图是一种常用的工具,用于表示组织结构中各部门之间的相互关系和层级。

3. **答案**：B

   解析：直线制组织结构的特点是下级部门只接受一个上级的指令。

4. **答案**：A

   解析：直线职能制组织结构综合了直线制和职能制的特点,在直线制的基础上增加了参谋机构。

5. **答案**：B

   解析：事业部制组织结构适用于多元化大企业,尤其是在面对不确定环境时,按不同业务单位成立事业部进行独立经营和分权管理。

6. **答案**：B

   解析：矩阵制组织结构中的项目小组是临时组织,任务完成后就解散,有关人员回原单位工作。

7. **答案**：B

解析：直线制组织结构的缺点之一是专业化水平低。

8. 答案：A

    解析：直线职能制组织结构的优点之一是能够有效减轻管理者负担，通过设置职能部门实现专业化管理。

9. 答案：A

    解析：事业部制组织结构的优点之一是提高了组织对环境的适应能力，因为事业部可以针对不同市场或产品进行灵活调整。

10. 答案：B

    解析：矩阵制组织结构的优点之一是沟通顺畅，因为它结合了垂直和横向的领导关系。

11. 答案：A

    解析：直线职能制组织适用于规模不大、产品种类不多、内外部环境比较稳定的中小型企业。

12. 答案：A

    解析：事业部制组织结构的缺点之一是容易滋生本位主义，因为各事业部可能过于关注自己的利益。

三、单项选择题

1. 答案：B

    解析：直线制组织结构的特点是所有职位都实行从上到下的垂直领导，下级部门只接受一个上级的指令，因此缺乏横向沟通。

2. 答案：C

    解析：直线职能制组织结构的优点包括统一指挥与专业化管理相结合和减轻管理者负担，但不包括增加管理成本。

3. 答案：B

    解析：事业部制组织结构适用于多元化大企业，因为这种结构有利于管理者专注于战略规划与决策。

4. 答案：C

    解析：矩阵制组织结构既有按职能划分的垂直领导系统，又有按产品或项目划分的横向领导关系。

5. 答案：C

    解析：直线制组织结构的优点包括设置简单、权责关系明确和有利于组织的有序运行，但不包括专业化水平高。

6. 答案：C

    解析：直线职能制组织结构的缺点包括协调难度加大、增加管理成本和损害下属的自主性，但不包括提高决策效率。

7. 答案：C

    解析：事业部制组织结构的优点包括有利于管理者专注于战略规划与决策、培养通才和提高组织对环境的适应能力，但不包括降低管理成本。

8. **答案:** B

解析:矩阵制组织结构的优点包括机动性强、通过异质组合实现创新和沟通顺畅,但不包括权责对等。

9. **答案:** B

解析:直线制组织结构适用于规模较小、生产技术比较简单的组织,或者初创期的组织。

10. **答案:** C

解析:矩阵制组织结构适用于一些临时性的、需要多个部门密切配合的项目。

四、简答题

1. 简述组织结构的定义及其设计的目的。

答:组织结构是组织中正式确定的,使工作任务得以分解、组合和协调的框架体系,包括组织内部的职能分工和纵向的层级体系。设计组织结构的目的是更有效地和更合理地把组织成员组织起来,形成组织合力,为实现组织目标而协同努力。

2. 描述直线制组织结构的特点、优点和缺点。

答:特点:直线制组织结构中所有职位都实行从上到下的垂直领导,下级部门只接受一个上级的指令,各级负责人对其下属的一切问题负责。不设专门的职能部门,所有管理职能基本上都由各部门主管自己执行。

优点:设置简单,权责关系明确,有利于组织的有序运行。

缺点:专业化水平低,缺乏横向沟通,对管理人员的要求高。

3. 直线职能制组织结构与直线制组织结构的主要区别是什么?

答:直线职能制组织结构在直线制结构的基础上,在各层级中设置相应的职能部门,增加了参谋机构从事专业管理,而直线制组织结构不设专门的职能部门,所有管理职能基本上都由各部门主管自己执行。

4. 事业部制组织结构的优点和缺点是什么?

答:优点:有利于管理者专注于战略规划与决策,有利于培养通才,提高了组织对环境的适应能力。

缺点:机构重复设置导致管理成本上升,容易滋生本位主义。

5. 矩阵制组织结构的特点和适用范围是什么?

答:特点:矩阵制组织结构既有按职能划分的垂直领导系统,又有按产品或项目划分的横向领导关系;项目组人员来自不同部门,任务完成后就解散,有关人员回原单位工作;项目小组为临时组织。

适用范围:适用于一些临时性的、需要多个部门密切配合的项目。

五、案例分析题

该企业需要调整其组织结构,建议逐步向事业部制组织结构转型,并在新产品开发和地区市场适应性方面采用矩阵制组织结构。

(1)当前组织结构的局限性:直线职能制组织结构虽然适用于规模不大、产品种类不多、内外部环境比较稳定的中小型企业,但随着企业计划扩展业务范围和涉足智能家电领域,这种结构可能无法有效应对市场的快速变化和新产品开发的需求。直线职能制组织结构在协调难度、适应环境能力、决策效率和管理成本方面存在一定的局限性,这与企业的发展需求不符。

(2)事业部制组织结构的优势:事业部制组织结构(M型组织)有利于管理者专注于战略规划与决策,这对于计划扩展业务范围的企业来说至关重要。该结构有利于培养通才,这对于企业涉足新领域和培养跨领域人才是有益的。转型为该结构能够提高组织对环境的适应能力,这对于企业在不同地区设立分支机构以更好地服务当地市场是必要的。

(3)矩阵制组织结构的应用:在新产品开发和地区市场适应性方面,矩阵制组织结构可以加强职能制组织之间的协调,引进项目管理的形式,这对于需要多个部门密切配合的项目特别有效。矩阵制组织结构的机动性强,目标明确,人员结构合理,这有助于企业快速响应市场变化和客户需求。通过异质组合实现创新,这对于企业在智能家电领域的产品开发尤为重要。

综上所述,企业应考虑逐步向事业部制组织结构转型,以适应市场扩展和新业务领域的挑战。同时,在新产品开发和地区市场适应性方面,可以采用矩阵制组织结构,以提高项目的执行效率和创新能力。

第三节 非正式组织

一、名词解释

1. **非正式组织**:是指在正式组织运作中存在的,独立于正式组织目标之外,以人际关系和谐为导向,以非理性为行为逻辑,受潜在的不成文规定约束的个体组成的集合体。

二、判断题

1. **答案**:B

   解析:非正式组织是独立于正式组织目标之外的,它以人际关系和谐为导向,并不必然与正式组织的目标一致。

2. **答案**:B

   解析:非正式组织对正式组织的影响既有积极的一面,也有消极的一面。当非正式组织的组织结构和行为取向与正式组织保持一致或基本一致时,它能发挥积极的作用。

3. **答案**:A

   解析:根据课程内容,非正式组织的积极作用包括满足组织成员的需要、促进组织内部沟通、增加组织成员间的默契和增强凝聚力。

4. **答案**:B

   解析:非正式组织并不总是与正式组织的目标发生冲突。只有在非正式组织的领导行为与正式组织的领导行为发生严重冲突时,才可能产生消极作用。

5. **答案**:A

   解析:根据课程内容,非正式组织的消极影响之一确实是小道消息和流言影响组织沟通。

6. **答案**:A

   解析:课程内容提到,通过提高组织成员在决策中的参与性是管理非正式组织消极作用的一种方法,可以避免目标冲突。

7. 答案：B

解析：非正式组织的存在既具有客观性，又具有必然性，其作用对正式组织来讲是一把双刃剑，既有积极作用也有消极作用，因此不能完全消除。

8. 答案：A

解析：根据课程内容，鼓励各级管理者参与非正式组织的活动是管理非正式组织消极作用的方法之一，有助于树立权威，减少消极影响。

三、单项选择题

1. 答案：B

解析：根据课程内容，非正式组织是独立于正式组织目标之外，以人际关系和谐为导向的个体组成的集合体。

2. 答案：C

解析：非正式组织对正式组织的影响既有积极的一面，也有消极的一面，这取决于非正式组织的行为取向是否与正式组织保持一致。

3. 答案：D

解析：非正式组织的积极作用包括满足组织成员的需要、促进组织内部沟通、增加组织成员间的默契，但不包括破坏组织活动的有序开展。

4. 答案：D

解析：非正式组织的消极影响包括与正式组织目标的冲突、小道消息和流言影响组织沟通、对成员吸引力过大影响工作投入，但不包括提高正式组织中领导的权威。

5. 答案：D

解析：管理非正式组织的消极作用的方法包括提高组织成员在决策中的参与性、加强沟通与信息共享、关心成员的工作和生活状况，而不是忽视非正式组织的存在。

6. 答案：D

解析：非正式组织与正式组织的整合路径包括发挥非正式组织的积极作用、减少非正式组织的消极影响、营造有利于整合的组织文化环境，而不是完全消除非正式组织。

7. 答案：B

解析：非正式组织的存在既具有客观性，又具有必然性，它是组织生活中不可避免的一部分。

8. 答案：B

解析：非正式组织的行为逻辑是以非理性为行为逻辑，受潜在的不成文规定约束。

9. 答案：C

解析：非正式组织的积极作用之一是增加组织成员间的默契，增强凝聚力。

10. 答案：A

解析：鼓励各级管理者参与非正式组织的活动是管理非正式组织消极作用的方法之一，有助于树立权威并减少消极影响。

四、简答题

1. 简述非正式组织的含义及其特点。

答：非正式组织是指在正式组织运作中存在的，独立于正式组织目标之外的个体组成的集合体。其特点包括：以人际关系和谐为导向，以非理性为行为逻辑，受潜在的不成文规定约束。
2. 描述非正式组织与区式组织整合的必要性及其路径。

答：非正式组织与正式组织整合的必要性来自组织内部的各种冲突，尤其是非正式组织可能对正式组织产生消极影响。整合路径包括发挥非正式组织的积极作用，减少其消极影响，以及营造有利于二者整合的组织文化环境。

3. 列举非正式组织的积极作用。

答：非正式组织的积极作用包括：满足组织成员的需要，促进组织内部沟通，增加组织成员间的默契，增强凝聚力，有利于组织活动的有序开展。

4. 说明如何管理非正式组织的消极作用。

答：管理非正式组织的消极作用的方法包括：提高组织成员在决策中的参与性以避免目标冲突，加强沟通与信息共享以避免小道消息蔓延，关心成员的工作、生活状况并对非正式组织进行正确引导，鼓励各级管理者参与非正式组织的活动以树立权威，以及营造有利于整合的组织文化和氛围。

5. 简述非正式组织的消极作用。

答：非正式组织的消极影响指的是非正式组织在与正式组织目标不一致时，可能对正式组织产生的负面影响，具体表现为与正式组织目标的冲突、小道消息和流言影响组织沟通、对成员吸引力过大影响工作投入、对正式组织中领导的权威形成挑战等。

五、案例分析题

为了改善沟通问题和员工士气，可以采取以下整合策略：

（1）提高员工参与性：通过让员工参与决策过程，增加他们对公司目标的认同感，减少非正式组织与正式组织目标之间的冲突。

（2）加强沟通与信息共享：通过正式渠道及时、透明地分享信息，减少小道消息的传播，提高组织沟通的效率。

（3）关心员工的工作与生活状况：通过非正式组织了解员工的需求和问题，对非正式组织进行正确引导，增强员工的归属感和满意度。

（4）鼓励管理者参与非正式活动：管理者可以通过参与非正式组织的活动来更好地理解员工，同时树立权威，减少非正式组织对正式组织领导权威的挑战。

（5）营造整合的组织文化：通过建立共同的价值观和目标，营造一个既正式又非正式的组织文化环境，促进非正式组织与正式组织的和谐共存。

第四节 层级整合

一、名词解释

1. **管理幅度**：又称管理跨度或控制幅度，是指受一个管理人员直接有效指挥的下属人员的数量。它在很大程度上决定了组织要设置多少层次和配备多少管理人员。

2. **层级整合**：是指组织在纵向设计中需要确定的管理幅度、层级数量以及体现了不同集权程度的各层级之间的权责关系。它包括管理幅度设计、有效集权与分权等内容。

3. **集权**：是指决策权集中在组织高层的一种权力系统。
4. **分权**：是指决策权分散在组织各部门的权力系统。

二、判断题

1. **答案**：B

   解析：层级整合不仅包括管理幅度设计，还包括有效集权与分权等。

2. **答案**：B

   解析：虽然管理幅度越宽在成本方面效率可能更高，但过宽的管理幅度可能会降低组织的有效性，影响员工绩效。

3. **答案**：A

   解析：当组织规模一定时，管理幅度与组织层级呈现出反比例关系，管理幅度越大，所需的组织层级越少。

4. **答案**：B

   解析：管理幅度的设计受到管理者和被管理者的工作能力的影响，工作能力强可以增大管理幅度。

5. **答案**：B

   解析：高层级的管理幅度不宜过大，而基层组织的管理幅度可以增大。

6. **答案**：B

   解析：计划的完善程度越高，管理者需要进行解析、协调的场合就越少，有效管理幅度相应增大。

7. **答案**：B

   解析：管理工作的辅助体系、沟通工具的发达程度和信息化程度等因素会影响有效管理幅度。

8. **答案**：B

   解析：集权是指决策权集中在组织高层的一种权力系统，而分权是指决策权分散在组织各部门的权力系统。

9. **答案**：B

   解析：组织规模越大，需要及时分权以分担管理人员的压力，提高决策的速度和质量。

10. **答案**：B

    解析：如果组织内部结构相似、政策统一，则可以采取集权的方式进行层级整合。

11. **答案**：A

    解析：如果各级管理者、组织成员的自我管理能力强，就为分权提供了充分的条件。

12. **答案**：A

    解析：组织在成熟阶段需要提高分权程度，以适应环境变化和提高灵活性。

三、单项选择题

1. **答案**：C

   解析：层级整合包括管理幅度设计和有效集权与分权等问题，但不包括员工培训计划。

2. **答案**：A

解析：管理幅度又称管理跨度或控制幅度，是指受一个管理人员直接有效指挥的下属人员的数量。

3. **答案**：C

   解析：当组织规模一定时，管理幅度与组织层级呈现出反比例关系。

4. **答案**：D

   解析：管理幅度设计的影响因素包括工作能力、工作内容和性质、工作条件与环境，但不包括员工的薪水水平。

5. **答案**：B

   解析：高层级的管理幅度不宜过大，而基层组织的管理幅度可以增大。

6. **答案**：A

   解析：计划的完善程度越高，越有利于下属执行，管理者需要进行解析、协调的场合就会越少，有效管理幅度也相应增大。

7. **答案**：B

   解析：管理工作的辅助体系、沟通工具的发达程度和信息化程度等因素会影响有效管理幅度。

8. **答案**：A

   解析：集权是指决策权集中在组织高层的一种权力系统。

9. **答案**：A

   解析：分权式决策的趋势比较突出，这与使组织更加灵活和主动地对环境变化作出反应的管理思想是一致的。

10. **答案**：D

    解析：影响分权程度的因素包括组织规模、政策的统一性、成员的自我管理能力，但不包括组织的地理位置。

11. **答案**：B

    解析：组织规模越大，需要及时分权以分担管理人员的压力，提高决策的速度和质量。

12. **答案**：A

    解析：如果组织内部结构相似、政策统一，则可以采取集权的方式进行层级整合。

13. **答案**：B

    解析：组织在成熟阶段、衰退阶段则需要提高分权程度。

14. **答案**：B

    解析：当衰退不可避免，组织进入再生阶段时，需要通过强有力的领导来力挽狂澜，因此有必要提高集权程度。

四、简答题

1. 简述层级整合的会议。

   答：层级整合是指组织在纵向设计中需要确定的管理幅度、层级数量以及体现了不同集权程度的层级之间的权责关系。它涉及确定管理幅度、组织中所需的管理层级数量以及如何在集权与分权之间找到平衡点。

2. 解释管理幅度的内涵及其对组织效率的影响。

　　答：管理幅度,也称为管理跨度或控制幅度,是指受一个管理人员直接有效监督和指挥的下属人员的最大数量。管理幅度的宽度直接影响组织的管理层级和管理人员的数量。在其他条件相同的情况下,较宽的管理幅度可以减少管理层级,降低管理成本,提高组织效率。然而,如果管理幅度过宽,可能会导致管理者无法充分关注每个下属的需求,从而影响员工绩效和组织有效性。

3. 描述管理幅度与管理层级之间的关系。

　　答：管理幅度与管理层级之间存在反比例关系。当管理幅度增加时,为了覆盖相同数量的员工,所需的管理层级会减少;相反,当管理幅度减少时,为了维持组织运作,所需的管理层级会增加。这种关系意味着组织可以通过调整管理幅度来优化管理层级结构,以实现成本效率和组织效能的平衡。

4. 列举影响管理幅度设计的因素。

　　答：影响管理幅度设计的因素包括:管理者和被管理者的工作能力、工作内容和性质、工作条件与环境,以及成员的差异性。具体来说,管理者的沟通能力、下属的自我管理能力、工作的相似性、计划的完善程度、程序化程度、辅助体系的发达程度、沟通工具的信息化程度、业务活动的地理分布、政策的稳定性以及组织成员的文化背景和价值观等都会对管理幅度产生影响。

5. 解释集权与分权的内涵及它们之间的关系。

　　答：集权是指决策权集中在组织高层的权力系统,这通常导致决策迅速且统一,但可能牺牲灵活性和对地方条件的响应能力。分权则是指决策权分散在组织各部门的权力系统,它允许更接近一线的员工做出决策,从而提高灵活性和响应速度,但可能增加决策的不一致性。集权与分权之间的关系是程度问题,组织可能在不同程度上实行集权或分权,以适应其特定的环境和目标。

6. 描述影响分权程度的因素。

　　答：影响分权程度的因素包括组织规模、政策的统一性、成员的自我管理能力、组织的可控性以及组织的发展阶段。大型组织可能需要更多的分权以提高决策速度和质量,而小型组织可能更倾向于集权以保持决策的一致性。如果组织内部结构相似且政策统一,可以采取集权的方式。成员的自我管理能力强时,分权可以提供更多的自主性。组织的可控性决定了分权的程度,以确保不会失控。最后,组织的发展阶段也影响分权程度,成熟阶段可能需要更多的分权,而成长阶段可能需要适度集权。

五、案例分析题

(1)建议方案:

　　方案 A——增加管理幅度,减少管理层级,理由如下:

　　①成本效率:增加管理幅度可以减少所需的管理人员数量,从而降低管理成本。例如,如果将管理幅度从 6 人增加到 10 人,公司可以减少大约 200 名管理人员,每年可节省约 800 万元的薪水支出。

　　②决策速度和灵活性:加宽管理幅度与公司努力降低成本、削减管理费用、加速决策

过程、增加灵活性的趋势一致。这样可以缩短与顾客的距离,更快地响应市场变化。

③员工授权:增加管理幅度意味着更多地授权给下属,这可以提高员工的自主性和工作满意度,从而可能提高员工绩效。

(2)实施建议如下:

①员工培训:为了避免因管理幅度加宽而使员工绩效降低,公司需要加强员工培训,确保下属充分了解工作,能够自我管理和相互协助。

②逐步实施:可以先在某些部门试点增加管理幅度,评估效果后再全面推广。

③沟通和反馈机制:建立有效的沟通和反馈机制,确保管理层能够及时了解下属的工作状况,并提供必要的支持。

④监控和评估:定期监控管理幅度变化对组织绩效的影响,并根据评估结果调整管理策略。

为什么不是方案B:方案B虽然可以通过技术手段提高沟通效率,但并不能从根本上解决管理层级过多和决策速度慢的问题。而且,技术手段的引入需要额外的投资,且不一定能带来成本的显著降低。通过以上分析,方案A更符合阳光公司提高效率和响应市场能力的需求,同时也符合现代管理中加宽管理幅度的趋势。

第五节　组织文化

一、名词解释

1. **组织文化**:指的是一个组织在长期实践活动中形成的具有本组织特征的文化现象,是组织中的全体成员共同接受和共同遵循的价值观念和行为准则。

2. **制度层的组织文化**:是组织文化的中间层次,主要是指组织文化中对组织及其成员的行为产生规范性,约束性影响的部分,包括具有组织特色的各种规章制度、道德规范和行为准则,以及组织中分工协作的组织结构。

3. **精神层的组织文化**:是组织在其长期历史发展中形成的组织成员群体心理定式和价值取向,是组织的价值观、道德观即组织哲学的综合体现,涵盖了所有组织成员共同信守的基本信念、管理哲学、价值标准以及敬业精神和职业道德等。

二、判断题

1. **答案**:A

   解析:组织文化确实指的是一个组织在长期实践活动中形成的具有本组织特征的文化现象,包括价值观念和行为准则。

2. **答案**:B

   解析:组织文化由物质层(表层文化)、制度层(中层文化)和精神层(核心文化)三个基本层次构成,物质层是其中之一。

3. **答案**:B

   解析:制度层的组织文化是中间层次,精神层的组织文化是组织文化的核心层次。

4. **答案**:A

   解析:精神层的组织文化涵盖了所有组织成员共同信守的基本信念、管理哲学、价值标准等,是组织价值观的核心和灵魂。

5. **答案**:A

   解析:这些功能都是组织文化正向功能的体现,它们对组织成员的行为和组织的发展有着积极的影响。

6. **答案**:B

   解析:组织文化也有负向功能,如变革的障碍、多样化的障碍、并购的障碍等,这些负向功能对组织有害无益。

7. **答案**:A

   解析:组织文化作为一种软约束,深入人心,易于形成思维定式,不利于组织开展变革,因此可能导致变革的障碍。

8. **答案**:B

   解析:组织文化的影响并不一定完全是正能量,它也可能带来负向影响,如阻碍变革、抑制多样性等。

9. **答案**:B

   解析:组织文化的辐射功能不仅在组织内发挥作用,还会通过各种渠道向社会辐射,对社会产生影响。

10. **答案**:A

    解析:组织文化的调适功能可以帮助新加入组织的成员尽快适应组织,使其个人价值观更好地与组织需要相匹配。

三、单项选择题

1. **答案**:B

   解析:组织文化被称为"管理之魂",因为它是一种无形的软力量,协调和凝聚组织成员。

2. **答案**:C

   解析:关于组织文化的系统研究始于20世纪70年代末80年代初。

3. **答案**:D

   解析:组织文化由物质层、制度层和精神层三个基本层次构成,不包括情感层。

4. **答案**:D

   解析:物质层的组织文化包括组织实践活动等外在形式和组织设备等实体资源,如工作流程。

5. **答案**:B

   解析:制度层的组织文化主要指组织文化中对组织及其成员的行为产生规范性、约束性影响的部分。

6. **答案**:C

   解析:精神层的组织文化是组织在其长期历史发展中形成的组织成员群体心理定式和价值取向。

7. **答案**:D

   解析:组织文化的正向功能包括导向功能、凝聚功能、激励和约束功能等,不包括破坏功能。
8. 答案：A
   解析：组织文化的负向功能可能导致变革的障碍、多样化的障碍、并购的障碍等。
9. 答案：B
   解析：组织文化的辐射功能指的是组织文化不仅在组织内发挥作用，还会通过各种渠道向社会辐射，对社会产生影响。
10. 答案：B
    解析：组织文化的调适功能可以帮助新加入组织的成员尽快适应组织，使自己的个人价值观更好地与组织需要相匹配。
11. 答案：B
    解析：组织文化作为一种软约束，更易于形成思维定式，这可能不利于组织开展变革。

四、简答题

1. 简述组织文化的概念及其在组织中的作用。
   答：组织文化指的是一个组织在长期实践活动中形成的具有本组织特征的文化现象，包括组织中的全体成员共同接受和共同遵循的价值观念和行为准则。它在组织中的作用是协调和凝聚组织成员，被称为"管理之魂"，在推进组织健康发展过程中发挥着越来越重要的作用。
2. 描述组织文化的三个基本层次及其相互关系。
   答：组织文化由物质层（表层文化）、制度层（中层文化）和精神层（核心文化）三个基本层次构成。物质层包括组织的外在形式和实体资源，为制度层和精神层提供物质载体和基础。制度层是中间层次，将物质层和精神层融合为一个有机整体，包括规章制度、道德规范和行为准则。精神层是组织价值观的核心，体现组织成员的群体心理定式和价值取向。这三个层次相互依存，共同构成组织文化的整体。
3. 解释组织文化的正向功能包括哪些方面。
   答：组织文化的正向功能包括导向功能、凝聚功能、激励和约束功能、辐射功能、调适功能。导向功能指塑造共同价值观，引导实践行为；凝聚功能指沟通思想感情，融合理想信念；激励功能指激发奉献精神，激发工作积极性；约束功能指文化氛围和道德规范对成员的软约束；辐射功能指组织文化对社会产生辐射影响；调适功能指帮助新成员适应组织，使个人价值观更好地与组织需要相匹配。
4. 讨论组织文化的负向功能及其潜在的负面影响。
   答：组织文化的负向功能包括变革的障碍、多样化的障碍、并购的障碍。组织文化作为一种软约束，可能深入人心形成思维定式，不利于变革；强势文化可能导致个体多样性与组织价值观的冲突；并购中的文化不融合可能导致并购失败。这些负向功能对组织有害无益，需要被识别和管理。

五、案例分析题

（1）①东方科技当前组织文化中可能存在的问题包括：
   a. 制度层文化僵化：随着公司规模的扩大和市场环境的变化，原有的规章制度可能不再适应新的挑战,需要更新以提高灵活性和响应速度。

b.精神层文化未能更新:公司的精神层文化可能仍然停留在创始人的初始价值观上,未能与时俱进,导致员工感到价值观与当前市场需求脱节。

c.物质层文化与精神层文化不匹配:尽管公司在物质层文化上进行了投资,但如果不与精神层文化的更新相结合,这些投资可能无法充分发挥作用。

②改进建议如下:

a.重新审视和修订规章制度:公司应该对现有的规章制度进行审查,去除那些限制创新和个人发展的规则,增加鼓励创新和灵活性的新规定。

b.更新精神层文化:公司需要通过领导力培训和内部沟通,更新其核心价值观和愿景,以适应新的市场环境和员工期望。

c.加强物质层与精神层文化的一致性:公司应该确保其物质层文化(如工作环境和技术设施)与其精神层文化相匹配,以支持创新和团队合作。

(2)为了调整东方科技的组织文化,促进公司的持续发展和创新,可以采取以下措施:

①强化正向功能:通过明确传达公司的愿景和价值观,加强组织文化的导向功能。同时,通过团队建设活动和激励机制,增强组织的凝聚功能和激励功能。

②适度约束与自由:在保持组织文化约束功能的同时,为员工提供一定的自由度,以促进创新思维和个人发展。

③文化辐射与社会责任:通过社会责任项目和社区参与,增强组织文化的辐射功能,同时提升公司在社会中的形象。

④文化调适与新员工融入:为新员工提供文化适应培训,帮助他们快速融入组织文化,同时保持个人价值观与组织需求的匹配。

第八章 领导

第一节 领导与领导理论

一、名词解释

1. **领导**:在中文里有两个含义:一个是名词,指的是领导者,他们是从事领寻活动的人;另一个是动词,即领导,指的是领导行为和过程。管理学中的领导理论主要研究的是后者,它涉及人(领导者和被领导者)、影响及目标。

2. **职位权力**:是指与领导者的职位相关的权力,包括奖赏权力、强制权力和法定权力。这些权力来源于组织结构和领导者的职位。

3. **个人权力**:是指与领导者个人的魅力或专业知识有关的权力,包括参照权力和专家权力。这种权力来源于下属对领导者的尊重和认同。

4. **独裁型领导**:是一种领导方式,认为权力来源于职位,需要采取集权管理,以命令的方式鞭策下属工作。

5. **情境领导模型**:是由保罗·赫塞和肯尼斯·布兰查德开发的,认为有效领导取决于领导者行为和实施情境的匹配。

6. **费德勒的权变领导理论**:该理论认为组织的效率取决于领导者的风格和情境的有利性这两个变量的相互作用。

二、判断题

1. **答案**:B
   解析:领导在中文中有两个含义:一个是名词,指的是领导者;另一个是动词,即领导行为和过程。

2. **答案**:B
   解析:管理学中的领导理论主要研究的是领导行为和过程。

3. **答案**:B
   解析:领导权力有五种来源,包括奖赏权力、强制权力、法定权力、参照权力和专家权力。

4. **答案**:A
   解析:法定权力存在是因为下属接受领导有一种合法的权力来影响他,并且他有义务去接受这一影响。

5. **答案**:B
   解析:参照权力和专家权力与职位无关,被称为个人权力。

6. **答案**:B
   解析:领导行为的有效性取决于领导者、被领导者和情境三个要素。

7. **答案**:B
   解析:独裁型领导认为权力来源于职位。

8. **答案**:A
   解析:民主型领导认为权力来源于他所领导的群体,鼓励下属参与决策。

9. **答案**:A
   解析:俄亥俄州立大学的研究确立了两个重要的领导行为的维度:定规维度和关怀维度。

10. **答案**:A
    解析:布莱克和莫顿认为(9,9)方格的领导方式是最有效的,既能够提高员工的满意度,又能够带来高的生产效率。

11. **答案**:B
    解析:情境领导模型中,任务行为和关系行为可以同时存在,并且根据这两种行为的高低程度,扩展为四种领导行为。

12. **答案**:B
    解析:下属成熟度与心理成熟度和工作成熟度两个方面相关。

13. **答案**:B
    解析:费德勒认为个体的领导风格与个性有关,很难改变。

14. **答案**:A
    解析:费德勒的理论指出任务取向型领导者在非常有利或相对不利的情境下表现更好。

15. **答案**:B
    解析:领导者—成员关系好、任务结构化、职位权力强是费德勒权变模型中最有利的情境。

三、单项选择题

1. 答案：C

   解析：管理学中的领导理论主要研究的是领导行为和过程。

2. 答案：D

   解析：领导权力的来源包括奖赏权力、强制权力和法定权力，不包括道德权力。

3. 答案：C

   解析：参照权力源于领导者个人的特征，如行为方式、魅力、经历、背景等。

4. 答案：C

   解析：专家权力产生于领导者个人的专业知识或技能。

5. 答案：D

   解析：领导行为或过程包含三个要素：领导者、被领导者和情境。

6. 答案：B

   解析：独裁型的领导认为权力来源于职位。

7. 答案：B

   解析：俄亥俄州立大学的研究确立了两个重要的领导行为的维度：定规维度和关怀维度。

8. 答案：B

   解析：乡村俱乐部管理，这类领导方式对生产较少关心，对人们高度关心。

9. 答案：C

   解析：团队型管理，这类领导方式把对生产的高度关心和对人的高度关心结合起来。

10. 答案：A

    解析：告知（S1，高任务/低关系行为）：领导者下达命令，明确何时、何地、如何去做，并监督执行。

11. 答案：A

    解析：R1：成熟度低。这些下属既不愿意，也没有能力承担分配的工作任务。

12. 答案：A

    解析：费德勒的权变模型中，领导者的风格分为任务取向型和关系取向型。

13. 答案：D

    解析：费德勒从领导者—成员关系、任务结构和职位权力三个维度对情境是否有利进行分析。

14. 答案：A

    解析：任务取向型领导者在非常有利或相对不利的情境下表现更好。

15. 答案：C

    解析：赫塞和布兰查德认为，领导是一个在特定情境中，通过影响个体或群体的行为来努力实现目标的过程。

16. 答案：D

    解析：领导的三要素包括领导者、被领导者和情境，不包括组织文化。

177

17. **答案**：C

　　解析：放任型的领导认为权力来源于被领导者的信赖。
18. **答案**：C

　　解析：中间型管理,这类领导方式对生产和对人的关心都是适度的。
19. **答案**：A

　　解析：很多研究认为,高定规—高关怀模式最有效率,因为这种模式既关心生产又关心员工,可以带来高绩效和高满意度。

四、简答题

1. 描述领导的内涵,并解释领导的两个含义。

　　答：领导的内涵涉及领导者和被领导者、影响及目标。在中文里,领导有两个含义：作为名词时,指的是领导者,即从事领导活动的人；作为动词时,指的是领导,即领导行为和过程。管理学中的领导理论主要研究后者。

2. 解释权力的五种来源,并给出每种权力的含义。

　　答：权力的五种来源包括奖赏权力、强制权力、法定权力、参照权力和专家权力。奖赏权力是基于给予奖励的能力；强制权力是基于惩罚的能力；法定权力是基于职位和角色的正式权力；参照权力源于领导者个人特征,如魅力和行为方式；专家权力产生于领导者的专业知识或技能。

3. 领导的三要素是什么？它们如何决定领导行为的有效性？

　　答：领导的三要素包括领导者、被领导者和情境。这三个要素决定领导行为的有效性,因为领导者是影响的主体,被领导者对领导行为有反馈作用,而情境需要领导者调整其行为以适应。

4. 描述俄亥俄州立大学研究中确定的两个领导行为维度,并解释它们的区别。

　　答：俄亥俄州立大学研究中确定的两个领导行为维度是定规维度和关怀维度。定规维度以工作为中心,关注任务完成；关怀维度以人为中心,关注下属满意度。两者的本质区别在于关注的焦点不同。

5. 解释管理方格理论中的(9,9)方格代表的领导方式,并说明为什么这种领导方式被认为是有效的？

　　答：管理方格理论中的(9,9)方格代表团队型管理,这种领导方式结合了对生产的高度关心和对人的高度关心。这种领导方式被认为是有效的,因为它既能提高员工满意度,又能带来高的生产效率。

6. 简述费德勒的权变领导理论,并解释领导者风格与情境有利性如何影响组织效率。

　　答：费德勒的权变领导理论认为组织的效率取决于领导者的风格和情境的有利性。领导者风格分为任务取向型和关系取向型,而情境的有利性涉及领导者—成员关系、任务结构和职位权力。领导者风格与情境的匹配程度决定了组织效率,任务取向型领导者在非常有利或相对不利的情境下表现更好,而关系取向型领导者在中等有利的情境下绩效较好。

五、案例分析题

(1)①权力来源分析如下：

　　　　a.专家权力。李明依赖的主要权力来源可能是专家权力,因为他的技术背景和专业知识使他在团队中获得了尊重和信任。这种权力来源有助于他在解决技术难题和提供专业指导时发挥领导作用。

　　　　b.法定权力。作为项目经理,李明拥有法定权力,因为他的职位赋予了他指挥和决策的权力。预期团队成员会遵循他的指导和安排。

　　　②影响:专家权力有助于李明在技术层面上建立权威,而法定权力则确保了他在组织结构中的权威地位。然而,如果过度依赖法定权力,可能会导致团队成员的被动执行,缺乏主动性和创新性。

(2)领导风格调整如下:

　　①领导者:李明需要认识到自己的领导风格对团队的影响,并在必要时展现出更多的灵活性和适应性。

　　②被领导者:考虑到团队成员的多样性,李明应该通过培训和指导来提升新成员的能力,同时尊重和利用资深专家的经验和知识。

　　③情境:在高压的项目环境下,李明需要平衡任务的紧迫性和团队成员的士气之间的关系,通过有效的沟通和激励来提高团队的执行力和创新能力。

(3)根据费德勒的权变领导理论分析如下:

　　①任务取向型领导者:在当前的项目环境下,李明作为任务取向型的领导者,应该清晰地定义任务目标和期望,确保团队成员理解项目的重要性和紧迫性。

　　②建立工作关系:为了提高团队效率,李明需要与团队成员建立基于任务和目标的工作关系,同时通过定期的进度会议和反馈机制来监控项目进展和团队表现。

　　③适应性调整:鉴于项目的高压和时间敏感性,李明可能需要在保持任务导向的同时,适当地展现关系取向的行为,如关心团队成员的个人需求和职业发展,以增强团队的凝聚力和动力。

第二节　激励与激励理论

一、名词解释

1. **激励**:激发、鼓励的意思,管理学研究中的激励是指为了特定目的而去影响人们的内在需要或动机,从而强化、引导或改变人们行为的持续过程。
2. **期望值**:是指个体对某一行为结果发生可能性的主观评估。
3. **正强化**:是指通过奖励来增加某一行为发生频率的过程。
4. **负强化**:是指预先告知某种不符合要求的行为或不良绩效可能引起的言果,引导职工按要求行事,以此来回避令人不愉快的处境。

二、判断题

1. 答案:A

   解析:根据课程内容,激励的定义正是为了特定目的而去影响人们的内在需要或动机,从而强化、引导或改变人们行为的持续过程。

2. 答案:B

解析：马斯洛的需要层次理论将人类需要从低到高分为五种，分别是生理需要、安全需要、社交需要、尊重需要和自我实现需要。

3. 答案：B

   解析：尊重需要和自我实现需要是高层次的需要，而生理需要、安全需要和社交需要属于低层次的需要。

4. 答案：B

   解析：双因素理论中，满意和不满意的因素不属于同一类别，保健因素属于工作环境或外界因素，而激励因素属于工作本身或工作内容方面。

5. 答案：B

   解析：公平理论认为人们对报酬的满意度是一个社会比较过程，不仅取决于绝对报酬，更取决于相对报酬。

6. 答案：B

   解析：效价（V）是人们对某一预期成果或目标的重视程度或偏好程度，而期望值（E）是人们对通过特定行为活动达到预期成果或目标的可能性的概率判断。

7. 答案：B

   解析：行为强化理论认为行为的结果会对人的动机产生很大影响，从而使行为在后续得以增加、减少或消失。

8. 答案：A

   解析：正强化和负强化都是通过不同的方式增强或保持行为，正强化是通过积极的、令人愉快的结果，而负强化是通过回避令人不愉快的处境。

9. 答案：B

   解析：马斯洛的需要层次理论认为人的需要有一个从低级向高级发展的过程，并且各层次需要之间是相互依赖并以重叠波浪形式演进的。

10. 答案：B

    解析：双因素理论认为满意和不满意并非共存于单一连续体中，而是截然分开的。

11. 答案：B

    解析：公平理论中的横向比较是指人们将自己的相对报酬与他人的相对报酬进行比较，而纵向比较是指人们将自己当前的相对报酬与自己过去的相对报酬进行比较。

12. 答案：B

    解析：期望理论认为只有当效价高且期望值也高时，激励力才会高。

13. 答案：B

    解析：行为强化理论中的惩罚是指对令人不快或不希望的行为给予处罚，以减少或削弱该行为，而自然消退才是通过不提供个人所期望的结果来减少某行为的发生。

14. 答案：A

    解析：马斯洛的需要层次理论确实认为只有低层次需要被基本满足后，高层次需要才会显现。

15. 答案：B

解析:双因素理论中的保健因素属于工作环境或外界因素,如企业政策、工资水平等,而工作表现的机会和工作上的成就感属于激励因素。

16. 答案:B

    解析:公平理论认为公平感是一种主观心理感受,是人们公平需要得到满足的一种直接心理体验。

17. 答案:B

    解析:期望值(E)是人们对通过特定的行为活动达到预期成果或目标的可能性的概率判断,而效价(V)是指人们对某一预期成果或目标的重视程度或偏好程度。

18. 答案:B

    解析:行为强化理论认为行为的结果会对人的动机产生很大影响,从而使行为在后续得以增加、减少或消失。

19. 答案:B

    解析:正强化和负强化都会增强或保持行为,而惩罚和自然消退则会削弱或减少行为。

20. 答案:B

    解析:马斯洛的需要层次理论认为人的需要都是生来固有的。

三、单项选择题

1. 答案:C

    解析:根据课程内容,激励是指为了特定目的而去影响人们的内在需要或动机,从而强化、引导或改变人们行为的持续过程。

2. 答案:C

    解析:根据马斯洛的需要层次理论,自我实现需要是人类追求至高人生境界的需要,位于层次的最高点。

3. 答案:B

    解析:双因素理论中,保健因素是指属于工作环境或外界因素的,如企业政策、工资水平等。

4. 答案:B

    解析:公平理论认为人们对报酬的满意度是一个社会比较过程,取决于相对报酬。

5. 答案:A

    解析:期望理论中的激励力(M)是人们对某一预期成果或目标的重视程度(效价,V)与实现目标的可能性(期望值,E)的乘积。

6. 答案:C

    解析:正强化是指通过出现积极的、令人愉快的结果而使某种行为得到加强。

7. 答案:A

    解析:马斯洛的需要层次理论被批评为带有明显的机械论色彩,因为它认为只有低层次需要被基本满足后,高层次需要才会显现。

8. 答案:B

    解析:双因素理论中,激励因素与工作本身或工作内容相关,如工作表现的机会、工作带来的愉悦感等。

9. **答案:** C

    解析: 公平理论中的比较包括横向比较和纵向比较,不涉及与动物的比较。

10. **答案:** C

    解析: 根据期望理论,只有当效价高且期望值也高时,激励力才会高。如果两者都低,激励力会低。

11. **答案:** B

    解析: 负强化是指预先告知某种不符合要求的行为或不良绩效可能引起的后果,引导职工按要求行事,以此来回避令人不愉快的处境。

12. **答案:** D

    解析: 激励工作包括从既定的组织目标出发,通过影响员工的内在需要或动机来调动员工的工作积极性,不包括增加员工的工作压力。

13. **答案:** A

    解析: 根据马斯洛的需要层次理论,生理需要、安全需要和社交需要属于低层次的需要,这些需要通过外部条件就可以满足。

14. **答案:** C

    解析: 双因素理论曾受到批评,因为实际上保健因素与激励因素不是绝对的,而是相互联系并可以相互转化的。

15. **答案:** D

    解析: 公平感的制约因素主要有两个方面:一是分配政策是否公平及执行过程是否公开,即客观是否公平;二是当事人的公平标准,即主观感受是否公平。

16. **答案:** C

    解析: 期望理论中的激励力(M)是人们对某一预期成果或目标的重视程度(效价,V)与实现目标的可能性(期望值,E)的乘积。

17. **答案:** C

    解析: 惩罚是指对令人不快或不希望的行为给予处罚,以减少或削弱该行为。

18. **答案:** B

    解析: 在管理实践中,激励工作的目的是实现组织与个人在目标、行为上的内在一致性。

19. **答案:** B

    解析: 尊重需要和自我实现需要是高层次的需要,这些需要是通过内部因素才能满足的。

四、简答题

1. 激励在管理学中的定义是什么?

    答: 激励在管理学中被定义为一个旨在影响员工行为的复杂过程,它涉及激发、引导和改变员工的内在需求和动机,以实现组织目标。激励不仅仅是短期的奖励或惩罚,而是一个持续的过程,它包括识别员工的个人目标和需求,并通过组织资源和策略来满足这些需求,从而激发员工的积极性和创造力,提高工作绩效。

2. 在马斯洛的需要层次理论中,人类需要从低到高分为哪五种?

答:马斯洛的需要层次理论将人类需要从低到高分为五种,分别是:生理需要、安全需要、社交需要、尊重需要和自我实现需要。生理需要包括基本的生物需求,如食物、水、睡眠和庇护所。安全需要涉及对稳定性和安全感的追求,包括身体安全、健康、就业和资源。社交需要涵盖与他人建立关系和归属感的需求,如友谊、家庭和社交活动。尊重需要包括内部尊重,如自尊、自主和成就感,以及外部尊重,如地位、认可和声誉。自我实现需要是最高层次的需要,涉及实现个人理想、追求自我发展和创造性表达。

3. 根据双因素理论,保健因素和激励因素有什么区别?

答:双因素理论中,保健因素是指那些与工作环境或外界条件相关的因素,如企业政策、工资水平、工作环境等,它们的存在可以预防不满但不必然产生满意。激励因素则与工作本身或工作内容相关,如工作成就、认可、责任等,它们能够激发工作满意度和积极性。

4. 在公平理论中,相对报酬的比较包括哪两个方面?

答:公平理论中,相对报酬的比较包括横向比较和纵向比较两个方面。横向比较是指个体将自己的报酬与他人的报酬进行比较,而纵向比较是指个体将自己的当前报酬与过去的报酬进行比较。

5. 在期望理论中,激励力(M)是如何计算的?

答:期望理论中的激励力(M)是通过效价(V)和期望值(E)的乘积来计算的,即 $M = V \times E$。效价(V)代表个体对预期成果的重视程度,而期望值(E)代表个体对实现预期成果的信心。

6. 在行为强化理论中,强化有哪些类型?

答:行为强化理论中,强化分为四种类型:正强化、负强化、惩罚和自然消退。正强化通过增加积极结果来增强行为,负强化通过避免负面结果来增强行为,惩罚通过施加负面结果来减少行为,自然消退通过不提供积极结果来减少行为。

7. 在激励理论中,如何理解"未满足的需要才具有激励作用"?

答:在激励理论中,"未满足的需要才具有激励作用"意味着只有当个体的某些基本需要没有得到充分满足时,这些需要才会成为推动个体采取行动以满足这些需要的驱动力。

8. 在公平理论中,公平感是如何产生的?

答:在公平理论中,公平感产生于个体对其报酬与投入的比例与他人或自己过去的报酬与投入的比例的比较。当个体感觉到自己的投入与所得与他人的投入与所得之间存在比例上的公平时,就会产生公平感。这种比较可以是横向的,即与他人的相比较,也可以是纵向的,即与自己过去的相比较。公平感的产生不仅取决于客观的报酬和投入,还受到个体对这些因素的主观评价的影响。

五、案例分析题

(1)根据马斯洛的理论,李明的团队成员可能在不同的需要层次上未能得到满足。例如,如果他们的基本生理需要(如合理的工作时间和休息)没有得到满足,他们可能会感到疲惫和不满。安全需要可能因为过度工作和压力而受到威胁,影响到他们的职业安全感。社交需要可能因为长时间的工作而受到忽视,导致团队成员之间缺乏交流和支持。尊重需要可能因为缺乏认可和成就感而未得到满足。最后,自我实现需要可能因为团队成员感觉他们的个人成长和发展受到限制而未得到满足。

(2) 李明可以通过改善工作环境(保健因素)来消除团队的不满意,例如提供更舒适的工作空间、确保合理的工作时间和提供健康的饮食。同时,他可以通过提供更多的工作挑战、认可和奖励(激励因素)来提高团队的满意度和积极性

(3) 李明可以设计一个基于绩效的奖励体系,确保团队成员的投入与报酬相匹配。(基于公平理论)同时,他需要确保奖励体系透明,让团队成员了解他们的努力如何转化为奖励。(基于期望理论)此外,李明应该考虑团队成员的个人目标和需求,提供个性化的奖励,以满足他们的效价。

(4) 李明可以通过正强化来鼓励期望的行为,例如对按时完成任务的团队成员给予奖励或公开表扬。对于不符合期望的行为,他可以采用负强化,如提供反馈和指导,帮助团队成员改进。在必要时,他也可以采用惩罚或自然消退来减少不希望的行为。

第三节 沟通与沟通障碍

一、名词解释

1. **沟通**:是指在两人或更多人之间进行的,在事实、思想、意见和情感等方面的信息传递与理解的过程。它不仅包括信息的传递,还包括信息的被理解,是确保信息交流可靠性和准确性的关键互动。

2. **非言语沟通**:是指借助非正式语言符号,即口头表达及文字以外的符号系统进行的沟通。它包括身体语言、面部表情、手势、姿态、眼神交流和语调等,是日常沟通中使用最广泛的沟通形式之一。

3. **沟通客体**:指的是沟通过程中所传递的信息或情报。它是沟通活动的核心内容,涉及事实、思想、意见和情感等方面的交流。

二、判断题

1. **答案**:B

   解析:沟通是信息的传递与理解的过程,不仅包括信息的传递,还包括信息的被理解,是两人或更多人之间在事实、思想、意见和情感等方面的交流。

2. **答案**:B

   解析:沟通必须涉及两个或两个以上的主体,这是沟通的基本条件之一。

3. **答案**:A

   解析:编码过程中,信息发送者的技能、态度、知识、文化背景等因素都会影响信息的编码方式,进而影响信息接收者对信息的理解。

4. **答案**:B

   解析:反馈是沟通过程中的重要环节,它构成了信息的双向沟通,使信息发送者能够核实信息的接收和理解情况,并做出必要的修正。

5. **答案**:A

   解析:非言语沟通是指借助非正式语言符号进行的沟通,身体语言和语调是日常沟通中使用最广泛的非言语沟通形式。

6. **答案**:A

   解析:口头沟通简便易行、灵活迅速,可以及时得到反馈,这是其优点之一。

7. **答案**:B

   解析:书面沟通虽然受时间与空间的限制较小,但仍存在一定的限制,不如口头沟通灵活。

8. **答案**:B

   解析:沟通障碍不仅包括人际障碍,还包括组织障碍和文化障碍,这些都可能影响有效沟通。

9. **答案**:B

   解析:信息过载会阻碍有效沟通,当信息量过大时,人们可能会忽视、不注意或者忘记信息,导致信息流失,降低沟通效率。

10. **答案**:B

    解析:积极倾听要求集中全部注意力,以便听明白全部意思,且不急于做事前判断或解析,这是有效沟通的关键技巧之一。

三、单项选择题

1. **答案**:D

   解析:沟通的基本条件包括涉及两个或两个以上的主体、有一定的沟通客体以及传递信息情报的载体,但不要求必须在封闭的环境中进行。

2. **答案**:B

   解析:信息发送者是沟通的发起者,负责将需要沟通的内容进行编码以传递给他所要沟通的对象。

3. **答案**:B

   解析:噪声是指沟通过程中对信息传递和理解产生干扰的一切因素,如难以辨认的字迹、沟通双方使用较难听懂的语言等。

4. **答案**:C

   解析:非言语沟通包括身体语言和语调,不包括口头沟通,口头沟通属于言语沟通。

5. **答案**:B

   解析:书面沟通的优点包括受时间与空间的限制较小、有利于长期保存、反复研究以及在传递过程中不易被歪曲,而耗时较长是其缺点。

6. **答案**:D

   解析:有效沟通的标准包括保证沟通的"量"、"质"和"时",而不包括沟通的"速度"。

7. **答案**:C

   解析:人际障碍包括表达能力、知识和经验差异、个性和关系、情绪等,组织结构不合理属于组织障碍。

185

8. **答案**:C

    解析:非言语沟通的形式包括手势、面部表情和身体动作,不包括书面文字。

9. **答案**:D

    解析:沟通障碍的克服方法包括学会倾听、重视反馈和抑制情绪化反应,增加信息过滤是人际障碍的一种表现,不是克服方法。

10. **答案**:D

    解析:影响有效沟通的因素包括人际障碍、组织障碍和文化障碍,技术障碍不是本课程内容中提到的因素。

11. **答案**:A

    解析:按照沟通的方式,沟通可以划分为言语沟通与非言语沟通,前者包括口头沟通和书面沟通。

12. **答案**:D

    解析:沟通过程中的具体步骤包括信息发送者、编码、信息的传递、信息接收者、解码和反馈,不包括信息的存储。

四、简答题

1. 简述沟通的含义及其重要性。

    答:沟通是信息的传递与理解的过程,是在两人或更多人之间进行的在事实、思想、意见和情感等方面的交流。有效的沟通不仅包括信息的传递,还包括信息的被理解。沟通的重要性在于它能够确保信息的可靠准确传递,促进人与人之间的理解和协作,是社会交往和组织运作的基础。

2. 描述沟通过程中的三个基本条件,并解释它们在沟通中的作用。

    答:沟通的三个基本条件包括:(1)沟通必须涉及两个或两个以上的主体,这确保了信息可以在人与人之间进行交流;(2)沟通必须有一定的沟通客体,即信息情报等,这是沟通的内容和目的;(3)沟通必须有传递信息情报的载体,如文件等,这是信息传递的方式和媒介。这三个条件共同构成了沟通的基础架构,缺一不可。

3. 比较言语沟通和非言语沟通的特点,并给出各适用的场景。

    答:言语沟通使用正式语言符号,包括口头和书面沟通。口头沟通简便易行、灵活迅速,适用于需要即时反馈的小范围交流;书面沟通受时空限制小,适用于需要长期保存和反复研究的信息传递。非言语沟通借助非正式语言符号,如身体语言和语调,适用于传达情感和态度,特别是在面对面交流中。

4. 简述有效沟通的标准,并解释为什么这些标准对沟通至关重要。

    答:有效沟通的标准包括:(1)保证沟通的"量",即传达足够的信息量,以确保接收方能够全面、完整、准确地理解信息;(2)保证沟通的"质",即信息需要被准确地表述和理解;(3)保证沟通的"时",即信息的及时性,过时的信息的价值会大打折扣。这些标准对沟通至关重要,因为它们确保了信息的完整性、准确性和时效性,是有效沟通的基础。

五、案例分析题

(1)沟通障碍分析如下:

①人际障碍：张华可能面临的人际障碍包括知识和经验差异，因为团队成员来自不同的国家，他们可能对电子邮件的期待和使用习惯不同。此外，个性和关系也可能成为障碍，如果团队成员与张华的关系不够亲近，他们可能不会优先回复他的消息。

②组织障碍：组织结构不合理可能导致信息在传递过程中失真，如果团队成员分布在不同的时区和部门，他们可能无法及时查看和回复邮件。

③文化障碍：文化差异可能导致对电子邮件的重视程度和回复习惯不同。例如，一些文化可能更重视面对面或电话沟通，而不是书面沟通。

④技术障碍：虽然电子邮件是一种常见的沟通方式，但技术问题如网络不稳定、邮件被误判为垃圾邮件等也可能导致沟通障碍。

(2)改进沟通效果的策略如下：

①多渠道沟通：张华可以采用多种沟通渠道，如视频会议、电话会议或即时消息，以适应不同成员的沟通偏好和提高信息的可达性。

②明确和重复沟通：张华可以在电子邮件中明确截止日期的重要性，并在截止日期前通过不同的沟通方式进行多次提醒，以确保信息被理解和重视。

(3)张华应调整沟通方式以适应文化多样性：

①文化敏感性：张华需要了解不同文化对沟通的期望和习惯，比如一些文化可能更重视直接的面对面沟通，他可以安排视频会议来适应这种偏好。

②个性化沟通：考虑到团队成员的文化背景，张华可以个性化他的沟通方式，比如使用双语邮件或在适当的文化背景下解析项目截止日期的重要性。

③建立信任和关系：张华可以通过非正式的社交活动或团队建设活动来建立与团队成员之间的信任关系，这有助于提高他们对他发出的信息的响应性。

第九章　控制

第一节　控制的内涵与原则

一、名词解释

1. **控制**：是指对组织内部的管理活动及其效果进行衡量和矫正，以确保组织的目标以及为此而拟定的计划得以实现。

2. **有效标准原则**：是指在制定控制标准时，必须确保这些标准与组织的理念和目标一致，能够指引员工行为，并便于检查和评价工作成果。这些标准应具备简明、适用、一致、可行、可操作、稳定和前瞻的特性。

3. **例外原则**：是指管理者应将控制的主要精力集中于一些重要的例外偏差上，以取得更高的控制效能和效率。该原则认为，管理者不可能控制所有活动，而应把注意力集中在关键的、非正常的偏差上，这些偏差可能是潜在问题的迹象，需要特别的关注和处理。

二、判断题

1. **答案**：A

解析：控制确实是管理中的一项重要职能，其目的是确保组织的目标以及为此而拟定的计划得以实现。

2. 答案：B

解析：控制工作应成为组织全体成员的职责，而非仅是管理人员的职责，这体现了控制的整体性。

3. 答案：B

解析：控制是一个动态的过程，它通过检查、监督并确定组织活动的进展情况，对实际工作与计划之间所出现的偏差加以纠正。

4. 答案：A

解析：根据有效标准原则，控制标准确实需要满足这些要求，以确保对员工的工作行为具有指引和导向作用。

5. 答案：A

解析：控制关键点原则确实强调管理者需要集中注意力于影响组织绩效的主要因素，以控制全局。

6. 答案：B

解析：控制趋势原则实际上强调管理者应该关注现状所预示的趋势，而不仅仅是现状本身。

7. 答案：B

解析：直接控制着眼于培养更好的主管人员，使他们能熟练地应用管理的概念、技术和原理，以系统的观点来进行和改善管理工作，而不是在偏差出现后才采取措施。

8. 答案：B

解析：例外原则实际上认为管理者不可能控制所有活动，而应把控制的主要精力集中于一些重要的例外偏差上，以提高控制效能和效率。

三、单项选择题

1. 答案：B

解析：控制的内涵指出，控制是指对组织内部的管理活动及其效果进行衡量和矫正，以确保组织的目标以及为此而拟定的计划得以实现。

2. 答案：C

解析：控制的整体性要求管理控制工作应成为组织全体成员的职责，而非仅是管理人员的职责。

3. 答案：C

解析：控制是通过监督和纠偏来实现的，这包括对组织活动及其效果进行监控，预警或发现组织偏差的出现，并采取相应的行动进行纠偏。

4. 答案：D

解析：有效的控制标准应该满足简明性、适用性、一致性、可行性、可操作性、相对稳定性和前瞻性的要求，不包括复杂性。

5. 答案：C

解析：控制关键点原则强调管理者应将注意力集中于计划执行中的一些主要影响因素

上,控制住了关键点,也就控制住了全局。

6. **答案**:B

   解析:控制趋势原则的关键在于从现状中揭示趋势,特别是在趋势显露苗头时就明察秋毫。

7. **答案**:C

   解析:直接控制原则着眼于培养更好的主管人员,使他们能熟练地应用管理的概念、技术和原理,而间接控制是在出现了偏差、造成损失之后才采取措施。

8. **答案**:B

   解析:例外原则认为管理者不可能控制所有活动,而应把控制的主要精力集中于一些重要的例外偏差上,以取得更高的控制效能和效率。实际中,例外原则应与控制关键点原则相结合,集中精力于关键点的例外情况控制。

四、简答题

1. 简述控制的内涵及其四个方面的表现。

   答:控制的内涵是指对组织内部的管理活动及其效果进行衡量和矫正,以确保组织的目标以及为此而拟定的计划得以实现。其四个方面的表现包括:(1)目的性。控制工作是为了确保组织活动按计划和标准进行,有效达成组织特定目标。(2)整体性。控制工作要将整个组织的活动作为一个整体来看待,覆盖组织活动的各方面,成为组织全体成员的职责。(3)监督和纠偏。通过控制系统监控组织活动及其效果,预警或发现偏差,并采取行动进行纠偏。(4)过程性。控制不是一次性行为,而是一个持续的过程,涉及检查、监督并纠正偏差。

2. 解释有效标准原则,并说明其对控制工作的重要性。

   答:有效标准原则是指制定的控制标准必须与组织的理念与目标相一致,对员工的工作行为具有指引和导向作用,并便于对各项工作及其成果进行检查和评价。这些标准应满足简明性、适用性、一致性、可行性、可操作性、相对稳定性和前瞻性的要求。其对控制工作的重要性在于,它们为员工提供了明确的工作指导,帮助管理者评估和改进工作绩效,从而确保控制活动的有效性和效率。

3. 描述直接控制原则与间接控制原则的区别,并解释如何直接控制原则更为有效。

   答:直接控制原则是指着眼于培养更好的主管人员,使他们能熟练地应用管理的概念、技术和原理,能以系统的观点来进行和改善他们的管理工作。间接控制原则是指根据计划和标准考核工作的实际结果,分析出现偏差的原因,并追究责任者的个人责任以使其改进未来工作的一种控制方法。直接控制原则更为有效,因为它侧重于预防措施和事先察觉偏差,而不是在偏差发生后才采取行动,这样可以减少偏差的发生以及降低进行间接控制的费用。

五、案例分析题

(1)根据控制的内涵,分析关键要素忽视及改进措施如下:

①目的性忽视:企业可能过于关注产品推出而忽视了对销售目标和成本控制的目的性监控。改进措施:重新审视销售目标与成本预算,确保每项活动都与实现这些目标直接相关。

②整体性忽视:可能未能将控制工作覆盖到组织的所有相关部门和活动。改进措施:加

强跨部门沟通,确保从生产到销售的每个环节都有明确的控制标准和责任人。

③监督和纠偏忽视:可能缺乏有效的监控系统来及时发现和纠正偏差。改进措施:建立实时监控系统,对生产成本和销售数据进行跟踪,及时发现偏差并进行调整。

④过程性忽视:可能将控制视为一次性活动而非持续过程。改进措施:实施持续的监控和评估机制,定期检查进度,并根据市场反馈调整策略。

(2)根据结合控制的原则,调整控制策略讨论如下:

①有效标准原则:企业应确保控制标准与组织目标一致,且具有可操作性。调整策略:重新制定与新产品线相关的具体、可量化的控制标准,如成本控制指标和市场份额目标。

②控制关键点原则:识别并集中关注影响绩效的关键因素。调整策略:分析市场反馈,识别产品特性与客户需求不符的关键点,并进行产品调整。

③控制趋势原则:从现状中揭示趋势,预测未来市场动向。调整策略:利用销售数据和市场研究预测未来趋势,提前调整生产计划和营销策略。

④直接控制原则:培养管理人员的能力,使其能够及时识别和纠正偏差。调整策略:加强对管理人员的培训,提高他们对市场变化的敏感性和响应能力。

⑤例外原则:集中精力控制重要的例外情况。调整策略:识别那些与计划偏离较大的领域,如特定区域的销售不佳,集中资源进行改进。

第二节 控制的主要类型

一、名词解释

1. 前馈控制:又称事前控制或预先控制,是指在工作活动正式开始前对可能产生的偏差进行预测和估计,并采取防范措施,将可能的偏差消除于产生之前的一种控制方式。

2. 现场控制:也称为同步控制或同期控制,是指在工作或活动正在进行过程中实施的控制,目的是及时处理例外情况、矫正工作中发生的偏差。

3. 反馈控制:又称事后控制,是指在工作结束或行为发生之后进行的控制,通过对结果的测量、比较和分析来发现偏差,并采取相应措施。

二、判断题

1. 答案:B

   解析:前馈控制是面向未来的控制,它在工作开始前进行,以预测和消除可能的偏差。

2. 答案:B

   解析:现场控制是在工作或活动正在进行过程中实施的控制。

3. 答案:A

   解析:反馈控制通过对结果的分析,可以为员工的奖惩提供依据。

4. 答案:B

   解析:前馈控制需要及时和准确的信息,以便准确预测和消除可能的偏差。

5. 答案:B

   解析:现场控制包括监督和指导两项职能,其中指导是管理者根据经验指导下属改进工作。

6. 答案:B

解析:反馈控制可以消除偏差对后续活动的影响,通过分析偏差原因并采取预防措施。

7. 答案:A

解析:现场控制可能因为面对面的直接干预而容易在控制者与被控制者之间形成对立情绪。

8. 答案:B

解析:反馈控制是一种事后控制,它在工作结束后进行,而不是同步进行。

三、单项选择题

1. 答案:B

解析:前馈控制强调在工作开始前预测和消除可能的偏差,以避免事后控制的弊端。

2. 答案:C

解析:现场控制受到管理者时间、精力和业务水平的制约,且管理者的工作风格对控制效果有很大影响。

3. 答案:A

解析:反馈控制通过对结果的分析,可以避免在下一次活动中发生类似问题。

4. 答案:C

解析:前馈控制的优点包括防患于未然和避免面对面冲突,但不包括提供员工奖惩的依据。

5. 答案:A

解析:现场控制主要针对便于计量的工作,对于难以计量的工作较难进行现场控制。

6. 答案:B

解析:反馈控制的主要弊端是在矫正措施实施之前,偏差或损失已产生。

7. 答案:C

解析:现场控制的职能包括监督和指导,但不包括预测。

8. 答案:A

解析:前馈控制需要及时和准确的信息,这是其缺点之一,因为信息的获取和处理需要资源和能力。

四、简答题

1. 描述前馈控制的特点及优点。

答:前馈控制是在工作活动正式开始前对可能产生的偏差进行预测和估计,并采取防范措施,将可能的偏差消除于产生之前。其优点包括防患于未然,避免事后控制对已铸成的差错无能为力的弊端,以及不针对具体人员,因而不易造成面对面的冲突,易于被员工接受并付诸实施。

2. 解释现场控制的职能及其可能的弊端。

答:现场控制的职能包括监督和指导,监督是按照预定的标准检查正在进行的工作,指导是管理者亲临现场,针对工作中出现的问题提供改进建议。其可能的弊端包括受到管理者时间、精力和业务水平的制约,应用范围较窄,以及容易在控制者与被控制者之间形成对立情绪。
3. 反馈控制的主要优点和弊端是什么？

  答：反馈控制的主要优点包括避免下一次活动发生类似问题,消除偏差对后续活动的影响,总结经验教训,以及提供员工奖惩的依据。其主要弊端是在矫正措施实施之前,偏差或损失已产生,此时只能亡羊补牢。

五、案例分析题

(1) 三种控制类型的识别与解析：①前馈控制。公司在项目开始前进行风险评估和制定安全规程,这是为了预防可能出现的问题,属于前馈控制。②现场控制。项目经理在建设过程中的定期巡视和指导,属于现场控制,目的是及时发现和解决问题。③反馈控制。项目完成后的回顾和分析,以及据此制定的改进措施,属于反馈控制,目的是从过去的经验中学习,改进未来的项目。

(2) 前馈控制在该项目中的作用及其挑战：前馈控制在项目中的作用是预防安全事故和质量问题,通过制定规程和标准来减少风险。挑战在于需要准确的风险评估和及时更新的规程,以应对不可预测的变化。

(3) 现场控制在确保项目按时完成和质量达标方面的重要性：现场控制通过监督和指导确保项目按计划进行,及时发现偏差并采取纠正措施,对于保证项目按时完成和质量达标至关重要。

(4) 反馈控制在提高客户满意度和项目绩效方面的效果：反馈控制通过对项目结果的分析,提供了改进的依据,有助于提高客户满意度和项目绩效。通过总结经验教训,公司能够在未来项目中避免类似问题,提高效率和效果。

第三节 控制的过程

一、名词解释

1. **控制标准**：是评定成效的尺度,是用来衡量组织中各项工作或行为符合组织要求程度的标尺。管理工作中的控制标准实际上是一系列目标,用于对实际工作进行度量,是通过计划职能产生的。
2. **定量标准**：是可以量化的标准,便于度量和比较,是控制标准的主要表现形式,包括实物标准、价值标准和时间标准。
3. **定性标准**：涉及服务质量、组织形象等方面的标准,一般难以定量化,但需要尽量客观化以便于度量和判断。

二、判断题

1. **答案**：A

  解析：控制标准是组织用来评估工作绩效是否达到预期目标的工具。它们提供了一个明确的基准,帮助管理者确定实际成果与预期目标之间的差异,从而评估成效。

2. **答案**：A

  解析：管理者在选择控制对象时,应关注那些对组织成果有直接影响的活动。这是因为控制的目的是确保组织目标的实现,因此,对成果有重大影响的活动应优先受到监控。

3. 答案：B

   解析：组织只需要在影响组织成果的众多因素中选择若干关键环节作为重点控制对象。

4. 答案：A

   解析：控制标准可以根据其性质分为定量和定性两大类。定量标准通常是可以量化的，如销售额、生产量等；而定性标准则涉及质量、态度等难以量化的因素。

5. 答案：A

   解析：确定控制标准的方法多种多样，其中统计计算法依赖于历史数据和统计分析，经验估计法基于管理者的经验和直觉，而工程方法则依据工程原理和技术参数来设定标准。

6. 答案：B

   解析：衡量的频度是衡量绩效的一个重要方面，需要合理安排。

7. 答案：A

   解析：正偏差和负偏差描述的是实际绩效与设定标准之间的差异。正偏差表示实际绩效超过了标准，而负偏差则表示实际绩效低于标准。这两种偏差都是控制过程中需要关注的重要信息。

8. 答案：B

   解析：只有当偏差超出允许的范围时，才需要深入分析偏差产生的原因，并采取矫正措施。

三、单项选择题

1. 答案：A

   解析：确定控制标准是进行控制工作的起点。

2. 答案：C

   解析：员工满意度不是选择控制对象时需要考虑的因素。

3. 答案：D

   解析：直觉判断法不是确定控制标准的方法之一。

4. 答案：B

   解析：产品产量是定量标准的例子。

5. 答案：C

   解析：服务质量是定性标准的例子。

6. 答案：D

   解析：何时开始衡量不是衡量绩效时需要考虑的方面。

7. 答案：B

   解析：实际绩效低于设定标准被称为负偏差。

8. 答案：D

   解析：忽略偏差不是实施纠偏的措施。

四、简答题

1. 描述确定控制标准过程中的关键步骤。

   答：确定控制标准过程中的关键步骤包括选择控制对象、选择关键控制点和确定控制标准。管理者需要明确分析组织活动想要实现的目标,并提出详细规定了组织中各层次、各部门人员应取得何种工作成果的完整目标体系。然后,选择影响组织成果的众多因素中的关键环节作为重点控制对象,并依据这些关键控制点确定明确的控制标准。

2. 衡量绩效时,管理者需要考虑哪些方面?

答:衡量绩效是控制过程中的核心环节,它涉及如何收集和分析实际工作绩效的数据。衡量的主体指的是谁负责收集和分析数据,这可能是内部员工、外部顾问或自动化系统。衡量的项目是指具体需要跟踪和评估的绩效指标。衡量的方法涉及数据收集的技术手段,如直接观察、问卷调查、数据分析等。衡量的频度则决定了数据收集的频率,这需要根据组织的特定需求和资源来确定,以确保能够及时捕捉到绩效变化,同时避免过度负担。

3. 分析与纠偏过程中,组织应如何处理偏差?

答:在分析与纠偏过程中,组织首先需要对偏差的性质进行分析和确认,以抓住问题的实质和重点。如果偏差在允许的范围内,组织可以继续工作但需要分析偏差产生的原因,并据此改善工作。如果偏差较大并超出了允许范围,组织应深入分析偏差产生的原因,并采取矫正措施,如修订标准或改善工作。

4. 简述控制的过程。

答:(1)确定控制的标准。在确定标准过程中,管理者应该明确控制对象、关键控制点和控制标准。

(2)衡量绩效。在衡量实际工作成果的过程中,管理者应该对由谁来衡量、衡量什么、如何衡量以及间隔多久进行衡量等方面做出合理安排。

(3)分析与纠偏。将衡量结果与标准进行对比,如果有偏差且在允许的范围之内,则工作可以继续,但也要分析偏差产生的原因,并据此改善工作,避免偏差扩大。如果偏差较大并超出了允许范围,就应深入分析偏差产生的原因,并采取矫正措施。

五、案例分析题

(1)控制过程中的阶段:公司在衡量绩效阶段发现了问题。在这个阶段,公司通过比较实际销售额和预期目标,发现了偏差。

(2)分析销售额低于预期的原因:公司需要深入分析造成销售额低于预期的原因。可能的原因包括市场推广活动的效果不佳、产品本身的问题、竞争对手的影响、市场环境的变化等。公司需要收集相关数据和信息,进行详细的分析,以确定造成偏差的具体原因。

(3)根据分析结果,公司可以采取以下纠偏措施:如果发现市场推广活动效果不佳,可以调整推广策略,增加广告投入或改变推广渠道。如果产品存在问题,可以改进产品设计或调整产品定位。如果竞争对手的影响较大,可以分析竞争对手的策略,并制定相应的竞争对策。如果市场环境发生了变化,可以调整市场目标或销售策略,以适应新的市场环境。同时,公司也可以修订销售目标,使其更符合实际市场情况,或者改善内部工作流程和提高员工的销售技能,以提高销售额。

第十章 创新

第一节 管理创新的内涵

一、名词解释

1. **创新**：是指产生新的思想和行为的活动，它涉及改变现存物质财富、创造潜力的方式，是新思想的运行和付诸行动的新想法。
2. **管理创新**：是指在管理领域中引入新的管理思想、方法、手段或模式，创造新的资源整合范式，以更有效地实现组织目标的活动。

二、判断题

1. 答案：B
   解析：创新不仅包括技术层面的新产品开发，还包括商业模式、市场和组织形式的创新。
2. 答案：A
   解析：管理创新确实涉及引入新的管理要素或要素组合，以创造新的资源整合范式。
3. 答案：B
   解析：管理创新既是名词，也是动词，作为动词时指的是对人类创新活动的积极管理过程。
4. 答案：B
   解析：管理创新包括对管理职能活动的变革与创新，既包括流创新也包括源创新。
5. 答案：B
   解析：管理创新涉及组织系统目标、结构和运行规则的设计、启动和监视，这是维持活动的一部分。
6. 答案：A
   解析：管理创新活动确实是相对于维持活动的另一类管理活动，它们共同构成管理的两个基本方面。
7. 答案：B
   解析：管理创新包括对组织管理调整与变化的思考，这是管理思想和行动的结果。
8. 答案：B
   解析：管理创新不仅关注组织内部的创新活动，也包括对外部环境变化的响应和适应。

三、单项选择题

1. 答案：A
   解析：创新的核心是产生新的思想和行为，这是创新定义的核心内容。
2. 答案：D
   解析：提高员工工资不是管理创新的基本形式之一。
3. 答案：B
   解析：作为动词的管理创新指的是对人类创新活动的积极管理过程。
4. 答案：C

解析：管理创新涉及管理思想和行为的创新，以及管理职能活动的变革，但不包括维持现有的管理实践。

5. 答案：C

   解析：管理创新不仅包括流创新，还包括源创新。

6. 答案：C

   解析：管理创新与维持活动相互依存，一方面创新活动有别于维持活动，另一方面创新活动是通过维持活动来落实的。

7. 答案：B

   解析：管理创新的目的是创造新的资源整合范式，以更有效地实现组织目标。

8. 答案：D

   解析：减少产品种类不是管理创新的内容。

四、简答题

1. 描述管理创新的五种基本模式。

   答：管理创新的五种基本形式包括：一是引入一种新产品或某产品的一种新特性；二是引入一种新的生产方式（商业层面）；三是开辟新市场；四是获得原材料或半成品的一种新的供应来源；五是建立任何一种新的组织形式。

2. 解释管理创新中"管理"作为名词和动词的不同含义。

   答：作为名词的管理创新指管理工作的创新活动，而作为动词的管理创新指对于人类创新活动的积极管理过程。

五、案例分析题

(1) 该企业进行的管理创新活动包括引入新的供应链管理方法、开辟在线销售渠道和建立新的组织结构。

(2) 引入新的供应链管理方法有助于降低成本和提高效率，开辟在线销售渠道使企业能够进入新的市场，而新的组织结构则支持线上线下业务的整合，这些管理创新活动使企业能够更好地适应电子商务的竞争和市场变化。

(3) 管理创新在企业可持续发展中起着关键作用，它不仅帮助企业适应当前的市场变化，还为企业未来的增长和发展提供了新的动力和方向。通过不断创新管理实践，企业能够提高效率、降低成本、拓展市场，并最终实现长期的可持续发展。

第二节 管理工作的维持与创新

一、名词解释

1. **维持活动**：是指对组织系统目标、结构和运行规则的设计、启动和监视的过程。

2. **创新活动**：是指面对组织系统与环境不协调情况时，对组织系统进行调整与改变的过程。

二、判断题

1. 答案：B

   解析：维持活动包括组织系统目标、结构和运行规则的设计、启动和监视。

2. 答案：A

解析：创新是在维持的基础上进行的发展，维持则是创新的逻辑延续。
3. 答案：B

   解析：维持是实现创新成果的一种方式，但不是唯一的方式。
4. 答案：A

   解析：如果只有创新而没有维持，系统会缺乏稳定性，导致混乱。
5. 答案：A

   解析：维持活动确保组织的稳定运行，但缺乏创新会使组织无法适应外界变化。
6. 答案：B

   解析：创新管理与维持管理在逻辑上是相互连接、互为延续的。

三、单项选择题

1. 答案：B

   解析：创新活动是面对组织系统与环境不协调情况时，对组织系统进行调整与改变的过程。
2. 答案：C

   解析：维持与创新是相互联系、不可或缺的，不是相互独立的。
3. 答案：D

   解析：维持与创新都旨在系统的生存发展和适应外界变化，而不是保持现状不变。
4. 答案：D

   解析：改变组织系统是创新活动的内容，而不是维持活动的内容。
5. 答案：C

   解析：组织目标的实现是维持活动的结果，而创新活动可能导致组织目标的调整。
6. 答案：B

   解析：维持和创新不是相互独立的，而是相互融合的。
7. 答案：C

   解析：有效管理的特征是维持和创新的相互连接，而不是相互分离。

四、简答题

1. 描述管理工作中维持活动与创新活动的关系。

   答：维持活动与创新活动是管理工作中两个基本且相互联系的环节。维持活动确保组织系统按照既定目标和规则运行，而创新活动则在组织系统与环境不协调时进行调整与改变。创新是维持基础上的发展，维持则是创新的逻辑延续。有效管理是实现维持与创新最优组合的管理。

2. 说明为什么管理工作需要同时包含维持与创新。

   答：管理工作需要同时包含维持与创新，因为只有创新没有维持，系统会呈现无序的混乱状态；而只有维持没有创新，系统会缺乏活力，无法适应外界变化，最终可能被环境淘汰。有效管理是实现维持与创新最优组合的管理，维持与创新逻辑上的相互连接、互为延续的关系并不意味着两者在空间和时间上的分离，组织管理活动是维持和创新的相互融合。

五、案例分析题

(1)该企业在管理工作中的维持与创新的实践包括投资自动化生产线以提高生产效率和降

低成本,引入精益管理优化流程,以及建立创新团队探索新的市场机会和产品开发。
(2) 通过自动化生产线和精益管理,企业提高了生产效率和流程效率,降低了成本,这有助于企业在价格竞争中保持优势。同时,创新团队的建立使企业能够探索新的市场和产品,为企业带来新的增长点。
(3) 维持活动确保企业能够稳定运行,而创新活动则为企业带来新的活力和增长。在长期发展中,维持与创新的结合使企业能够适应环境变化,实现持续发展。

第三节　管理创新的主要类型

一、名词解释

1. **渐进式创新**:是指对现有的管理理念和管理方法进行局部性改进,从而产生的一种新的管理活动。
2. **破坏性创新**:是指对现有管理理论、手段和方法的根本性突破。

二、判断题

1. 答案:A

   解析:渐进式创新是对现有管理理念和管理方法的局部性改进,不涉及根本性突破。

2. 答案:B

   解析:破坏性创新是对于现有管理理论、手段和方法的根本性突破,不是局部性的改变。

3. 答案:A

   解析:局部创新是在系统性质和目标不变的前提下,对系统活动的某些内容或要素进行的变动。

4. 答案:B

   解析:整体创新往往改变系统的目标和使命,涉及系统的目标和运行方式,同时影响系统的社会贡献的性质。

5. 答案:A

   解析:要素创新和结构创新都是对构成整个管理活动的基本要素进行的创新,但要素创新更侧重于要素本身,而结构创新侧重于要素的组合方式。

6. 答案:A

   解析:自发创新是系统内部与外部直接联系的各子系统对环境变化的响应,其结果是不确定的。

三、单项选择题

1. 答案:B

   解析:渐进式创新是对现有管理理念和管理方法的局部性改进,不涉及根本性突破。

2. 答案:B

   解析:破坏性创新是对于现有管理理论、手段和方法的根本性突破,可能导致现有市场的重新分配。

3. 答案:C

   解析:局部创新是在系统性质和目标不变的前提下,对系统活动的某些内容进行的变动。

4. 答案：C

解析：整体创新往往改变系统的目标和使命，而局部创新不涉及系统目标的改变。

5. 答案：A

解析：要素创新是对构成整个管理活动的基本要素进行的创新，而结构创新是在管理投入要素的核心概念不变的情况下，对要素组合方式进行的创新。

6. 答案：A

解析：自发创新是系统内部与外部直接联系的各子系统对环境变化的响应，通常是无组织的，而有组织创新是系统管理人员根据创新的客观要求和创新活动本身的客观规律制度化地检查外部环境状况和内部工作，寻求和利用创新机会，计划和组织创新活动。

7. 答案：B

解析：自发创新是系统内部与外部直接联系的各子系统对环境变化的响应，其结果是不确定的。

8. 答案：B

解析：有组织的创新是系统管理人员根据创新的客观要求和创新活动本身的客观规律制度化地检查外部环境状况和内部工作，寻求和利用创新机会，计划和组织创新活动，其结果是预期的、积极的、比较确定的。

四、简答题

1. 描述渐进式创新与破坏式创新的主要区别。

答：渐进式创新是对现有管理理念和管理方法进行局部性改进，而破坏性创新是对于现有管理理论、手段和方法的根本性突破。

2. 解释局部创新和整体创新的不同。

答：局部创新是在系统性质和目标不变的前提下，对系统活动的某些内容或要素进行的变动。整体创新则往往改变系统的目标和使命，涉及系统的目标和运行方式，影响系统的社会贡献的性质。

五、案例分析题

(1) 该企业在管理创新中采取了渐进式创新（引入新的供应链管理方法）和破坏性创新（开辟在线销售渠道和建立新的组织结构）。

引入新的供应链管理方法是对现有管理方法的局部改进，属于渐进式创新；而开辟在线销售渠道和建立新的组织结构则可能涉及对现有管理理论、手段和方法的根本性突破，属于破坏性创新。

(2) 通过引入新的供应链管理方法，企业提高了库存周转率，降低了成本，这有助于提高企业的竞争力。开辟在线销售渠道使企业能够进入新的市场，扩大了业务范围。建立新的组织结构支持线上线下业务的整合，提高了企业的运营效率。

这些管理创新活动直接响应了市场的变化，提高了企业的竞争力和适应性。

(3) 管理创新在企业长期发展中起着关键作用，它不仅帮助企业适应当前的市场变化，还为企业未来的增长和发展提供了新的动力和方向。通过不断创新管理实践，企业能够提高效率、降低成本、拓展市场，并最终实现长期的可持续发展。